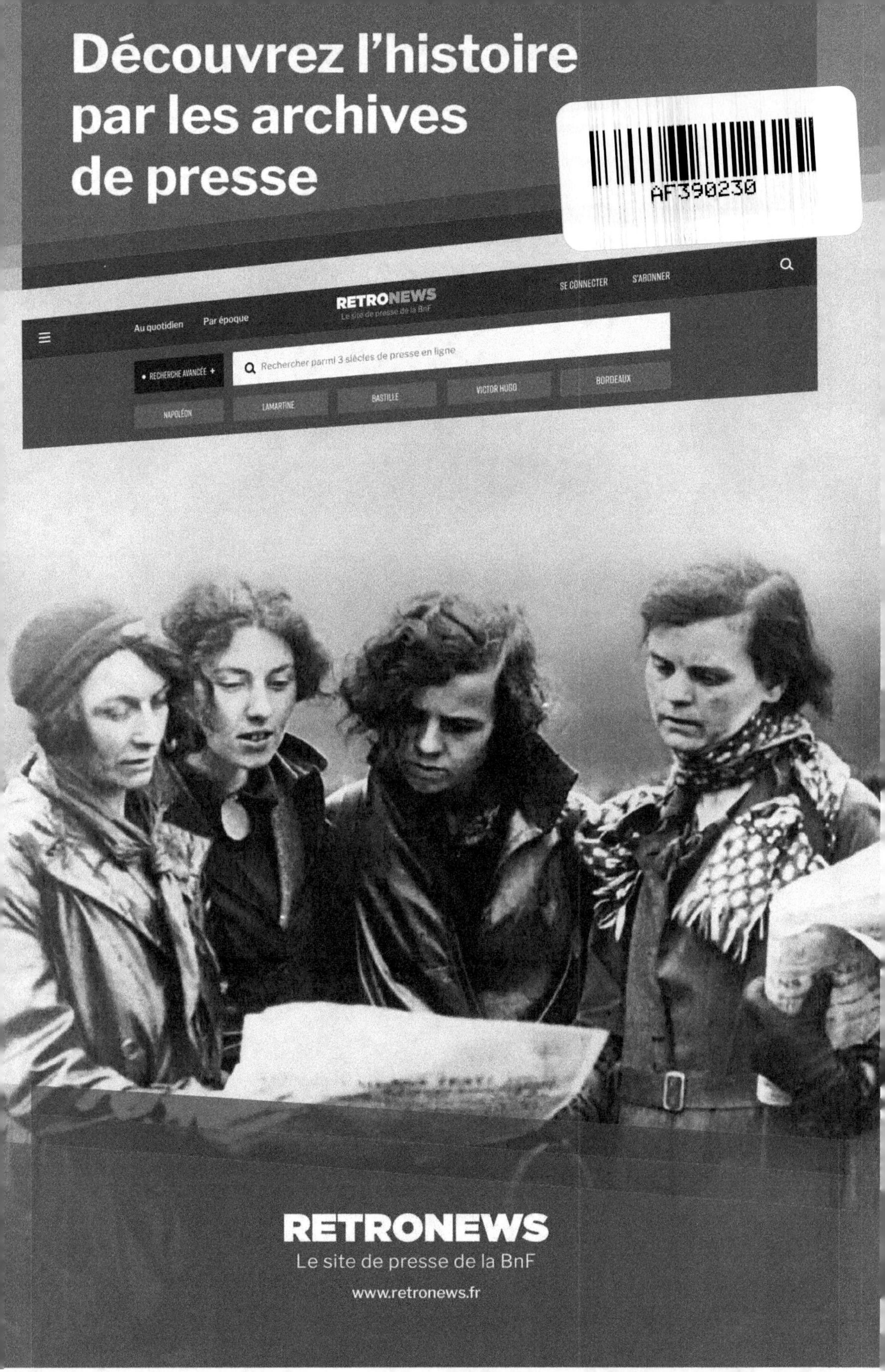

Découvrez l'histoire par les archives de presse

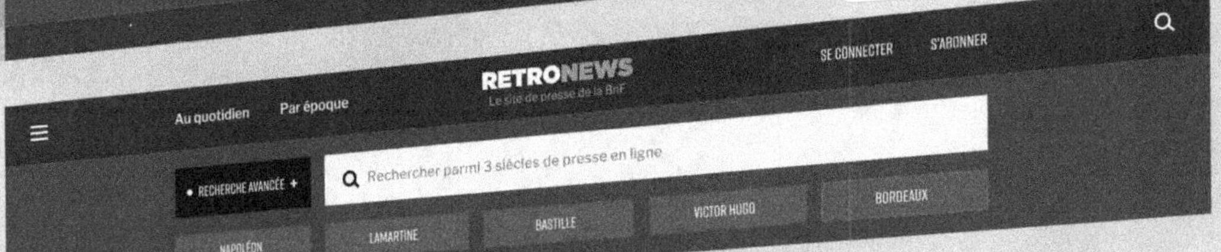

RETRONEWS

Le site de presse de la BnF

www.retronews.fr

ALMANACH
DU BIBLIOPHILE

 pour l'année 1898 

SE VEND AUX EDITIONS D'ART

CHEZ Edouard PELLETAN

125 Bould St-Germain

PARIS

ALMANACH

DU

BIBLIOPHILE

ALMANACH

DU BIBLIOPHILE

 pour l'année 1898 

SE VEND AUX EDITIONS D'ART

CHEZ Edouard PELLETAN

125 Bould St-Germain

L'almanach est une nécessité, comme le journal. En même temps qu'il indique les quantièmes, les anniversaires ou les lunes, il a pour fonction de renseigner sur divers points relatifs aux occupations ou aux métiers. On a connu « l'Almanach des Spectacles », « l'Almanach des Bergers », « l'Almanach des Muses », celui des « Monnaies », celui des « Gourmands », « l'Almanach iconologique », « l'Almanach de la Littérature », du « Théâtre et des Beaux-Arts », etc. Il nous a semblé que le moment était venu de créer l'Almanach du Bibliophile.

La bibliophilie — parfois même la « bibliofolie », comme l'appelle M. Bouchot — est, en effet, de jour en jour plus répandue, et le goût du beau livre moderne ne cesse de se développer. Consultez, à la fin de ce volume, la liste des amateurs de livres constitués en sociétés ; ajoutez-y, par la pensée, le nombre de ceux qui attendent, sur le parvis, que la porte de ces temples peu accessibles leur soit ouverte, et vous comprendrez le succès du beau livre, ainsi que les passions qu'il fait naître. Aux grandes occasions, — qui sont les grandes ventes : celles du baron Pichon, ou celle de Conquet, — ces passions se manifestent à leur paroxysme. Les exemplaires rares, habillés somptueusement par Marius Michel ou artistiquement cartonnés par Carayon, donnent lieu à d'homériques et courtoises luttes, où les rochers sont remplacés par les rouleaux d'or et les liasses de billets bleus.

En faut-il davantage pour justifier l'apparition de l'Almanach du Bibliophile ?

Mais, si répandue qu'elle soit, il est bon que la bibliophilie se développe encore davantage. Elle est le goût, c'est-à-dire la beauté, appliquée aux livres, et il serait à souhaiter que tous les livres, même à 3 fr. 50, fussent des livres de goût. Cela n'empê-cherait pas l'édition d'art d'exister, mais cela tuerait peut-être le faux livre de luxe, — l'image d'Épinal dorée, de la librairie !

L'Almanach du Bibliophile, *tiré à douze cents exemplaires, poursuit aussi ce but.*

Nous avons montré, dans nos ouvrages successifs, ce que peut être l'illustration du livre, — cette pierre angulaire de la belle édition. Illustration rythmique et en tons, dans « Les Nuits » et dans « Les Aventures du Dernier Abencerage » ; illustration fantaisiste et en fac-similé, dans les « Petits Contes », dans « Servitude et Grandeur militaires » ; illustration pittoresque et mouvementée dans « Les Ballades » ; illustration néo-grecque dans « L'Oaristys », toutes les formules nous ont paru bonnes, à la condition de les appliquer avec justesse en n'oubliant pas les principes fondamentaux que nous avons formulés ailleurs.

Pour un almanach, nous avons adopté le dessin au trait, dont la simplicité est en accord intime avec le caractère de l'ouvrage et conforme à sa tradition.

Bellery-Desfontaines, dont toutes les préoccupations sont tournées du côté de la décoration, qui passe aisément d'un tableau d'histoire au dessin d'un meuble ou à la composition d'une tapisserie, qui est jeune, chercheur en tous sens, et en possession d'un métier parfait, a exécuté — avec un talent qu'il ne nous appartient pas d'apprécier, — la décoration de ce volume.

Il y a apporté un réel souci de modernisme, mais non pas ce modernisme archaïque qui consiste à imiter sans naïveté les estampes naïves de l'ancien temps. On n'est plus naïf de nos jours, ou du moins on ne l'est pas quand on croit l'être. Nos fausses Agnès de la gravure au canif, par exemple, ne disent le « petit chat est mort » que pour masquer leur ignorance ou leurs tâtonnements.

Froment, dont l'autorité est depuis longtemps établie, a gravé les dessins de Bellery-Desfontaines sans aucune naïveté, mais au contraire avec une grande science d'outil. Il est rare, d'ailleurs, qu'un dessin puisse être entièrement fac-similé, ceux de Bellery-Desfontaines, pas plus que ceux de n'importe quel artiste de n'importe quel temps. Il y a toujours, par ci, par là, quelques frottis, quelques estompages, quelques touches de lavis, qui nécessitent une interprétation en tons. Jadis, même au début du XVIe siècle, ce ton se résumait en tailles parallèles qui distinguaient l'ombre de la lumière, ou établissaient un plan. Dans la période romantique cette préoccupation du ton est encore plus évidente, et les fonds, indiqués à l'estompe, étaient rendus par des tailles rangées, gauches et froides, sans aucun intérêt. On manquait, à ce moment, de la ressource qu'apporta à la xylographie la substitution du bois debout au bois de fil. Mais cette découverte effectuée, les graveurs prirent leur essor, développèrent ce qu'ils sentaient en eux depuis si longtemps, et modelèrent sur le bois, comme sur un plateau de métal. Que signifie aujourd'hui ce retour en arrière, ce prétendu besoin de graver à la hache d'abordage, et qu'est-ce que cela apporte à l'art ? Pour être logiques, ces graveurs devraient habiter les cavernes de nos ancêtres, et manger avec leurs doigts !

Un graveur comme Froment, ne se contente pas de reproduire un ton en tailles quelconques. Il sait lui donner la qualité qu'il doit avoir et harmoniser, de la manière la plus heureuse, c'est-à-dire la plus logique, le fac-similé pur et le ton, par des tailles qui sont comme l'épanouissement du trait lui-même.

Les bois de Froment sont ainsi aussi légers et aussi
profonds, aussi souples et aussi riches de valeurs
qu'on le peut désirer.

*
* *

D'éminents collaborateurs, amis des beaux livres
autant que des belles-lettres, ont prêté à cet almanach l'éclat de leur nom et de leur talent. Nos
lecteurs nous sauront gré d'avoir réuni cette élite
que nous tenons à remercier ici du concours em-
pressé qu'elle a apporté à notre œuvre.

ÉDOUARD PELLETAN.

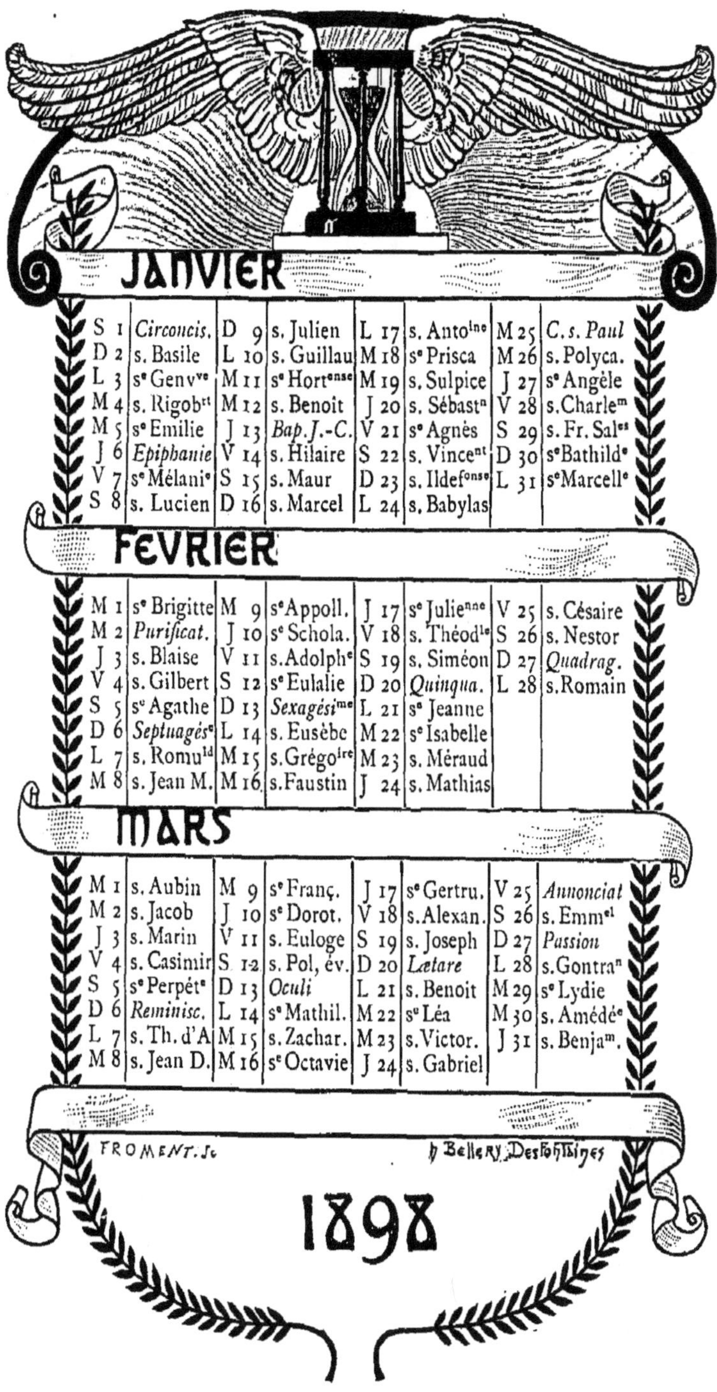

JANVIER

S 1 *Circoncis.* | D 9 s. Julien | L 17 s. Anto[ine] | M 25 C. s. Paul
D 2 s. Basile | L 10 s. Guillau | M 18 s[e] Prisca | M 26 s. Polyca.
L 3 s[e] Genv[ve] | M 11 s[e] Hort[ense] | M 19 s. Sulpice | J 27 s[e] Angèle
M 4 s. Rigob[tt] | M 12 s. Benoit | J 20 s. Sébast[n] | V 28 s. Charle[m]
M 5 s[e] Emilie | J 13 *Bap. J.-C.* | V 21 s[e] Agnès | S 29 s. Fr. Sal[es]
J 6 *Epiphanie* | V 14 s. Hilaire | S 22 s. Vince[nt] | D 30 s[e] Bathild[e]
V 7 s[e] Mélani[e] | S 15 s. Maur | D 23 s. Ildef[onse] | L 31 s[e] Marcell[e]
S 8 s. Lucien | D 16 s. Marcel | L 24 s. Babylas |

FEVRIER

M 1 s[e] Brigitte | M 9 s[e] Appoll. | J 17 s[e] Julie[nne] | V 25 s. Césaire
M 2 *Purificat.* | J 10 s[e] Schola. | V 18 s. Théod[le] | S 26 s. Nestor
J 3 s. Blaise | V 11 s. Adolph[e] | S 19 s. Siméon | D 27 *Quadrag.*
V 4 s. Gilbert | S 12 s[e] Eulalie | D 20 *Quinqua.* | L 28 s. Romain
S 5 s[v] Agathe | D 13 *Sexagési[me]* | L 21 s[e] Jeanne |
D 6 *Septuagés[e]* | L 14 s. Eusèbe | M 22 s[e] Isabelle |
L 7 s. Romu[ld] | M 15 s. Grégo[ire] | M 23 s. Méraud |
M 8 s. Jean M. | M 16 s. Faustin | J 24 s. Mathias |

MARS

M 1 s. Aubin | M 9 s[e] Franç. | J 17 s[e] Gertru. | V 25 *Annonciat*
M 2 s. Jacob | J 10 s[e] Dorot. | V 18 s. Alexan. | S 26 s. Emm[el]
J 3 s. Marin | V 11 s. Euloge | S 19 s. Joseph | D 27 *Passion*
V 4 s. Casimir | S 12 s. Pol, év. | D 20 *Lætare* | L 28 s. Gontra[n]
S 5 s[e] Perpét[e] | D 13 *Oculi* | L 21 s. Benoit | M 29 s[e] Lydie
D 6 *Reminisc.* | L 14 s[e] Mathil. | M 22 s[u] Léa | M 30 s. Amédé[e]
L 7 s. Th. d'A | M 15 s. Zachar. | M 23 s. Victor. | J 31 s. Benja[m].
M 8 s. Jean D. | M 16 s[e] Octavie | J 24 s. Gabriel |

FROMENT. Sc   ♭ Bellery Desfontaines

1898

LA VIE A PARIS

J'AIME Paris, comme l'aimait Montaigne, jusqu'en
ses verrues. J'aurais pu vivre à Vienne autrefois, lorsque la capitale autrichienne, que n'avait
point gâtée encore la mégalomanie monumentale,
était une sorte de Paris plus intime, chantant et
joyeux avec ses violons au fond des *Kneiperz* et ses
valses improvisées sous les grands arbres du Prater.

J'aurais pu vivre à Londres dans le mouvement
formidable de la grande ville noire où l'individu
se sent tellement perdu, roulé par *l'anonymat,* qu'il

éprouve une sensation exquise de liberté absolue. Mais je n'aurais vraiment vécu de la vie que j'aime qu'à Paris, dans ce Paris dont on peut tout dire et dont on peut médire à son gré, mais qui a la grande vertu des êtres faits pour être aimés et qui, avant tout, par-dessus tout, est amusant.

— Quelles qualités trouvez-vous donc à Giangurgolo ?

— La plus séduisante de toutes, répond la princesse Lidia : Giangurgolo m'amuse !

Je raisonne — ou déraisonne — comme la princesse Lidia, et Paris est comme Giangurgolo : il me divertit. Et, ce divertissement, il me le donne, il nous le donne à tous, par ses défauts aussi bien que par ses qualités, par ses fièvres, ses folies, ses *emballements*, la joie qu'il a de casser ses joujoux et de faire danser les grelots de sa marotte. « La ville de boue et de fumée » dont parlait Jean-Jacques dans une boutade morose, est aussi une ville d'atmosphère heureuse et de poussière d'or. Un ambassadeur annamite qui la visitait et qui l'a chantée en trente-six quatrains fort choisis, le lettré Nguyen-Trong-Hiep, dit Kun-Giang-Uan-Minh-Tien-Dai-hoc-og, déclarait que c'est la plus belle ville de l'Europe et nos moindres becs de gaz lui semblaient les étoiles de son ciel d'Asie, du ciel de ses dieux.

S'il me fallait choisir entre ces deux opinions également excessives, je pencherais pour celle du poète annamite et je laisserais Rousseau maudire à son gré nos fumées. Non pas que l'optimisme invétéré soit mon fait. L'optimisme n'est un état d'âme que pour les indifférents ou les sots; mais il peut être une consolation aux tristesses inévitables, une sorte de baume, de *baume tranquille* à nos blessures. « Il me plaît non pas de me plaindre que les roses aient des épines, mais de me réjouir que les épines aient des roses », disait, en un quatrain que j'oublie, Alphonse Karr, volontiers misanthrope à ses heures.

Donc si la vie à Paris a ses *amers,* elle a ses cordiaux aussi. Il s'agit de savoir seulement où les prendre. Il faut connaître l'art de se consoler des uns et de se contenter des autres. Il faut bien étudier Paris pour bien l'aimer.

Suivre dans sa fièvre, ses élans, ses curiosités, ses caprices, ses sottises ou ses héroïsmes, *la Vie à Paris,* c'est, du reste, ce qui est à la fois le labeur le plus attirant et le plus décevant. C'est, à un âge où la barbe grisonne, continuer la chasse aux papillons. Mais c'est charmant et, à tout prendre, c'est faire, au jour le jour et sans prétention, œuvre d'historien. Songez à la valeur du livre qui nous conterait aujourd'hui, et par le menu et *de visu*, la vie à Athènes ! Rome a eu ses satiriques, ses chroniqueurs aussi. Je voudrais qu'elle nous eût laissé un recueil de causeries, *la Vie à Rome*. Les instantanés n'étaient pas inventés. On le regrettera toujours.

Nous ne serons plus là quand on relira nos chroniques, mais cette menue monnaie de l'histoire aura peut-être dans l'avenir la valeur artistique d'une petite médaille de Roty, de cette pièce nouvelle qui, matériellement, vaut dix sous, et esthétiquement est sans prix. Je ne voudrais pas louer trop fort le chroniqueur, cependant, à qui le dédaigne, il pourrait répondre comme le vieux poète à l'ironique *Marquise :* Qui sait ? auprès des races futures, vous

> ....ne passerez pour *exquise*
> Qu'autant que je l'aurai dit !

Une année de Paris — prise au hasard — c'est le résumé de l'histoire du monde. Nous avons beau nous insulter, nous injurier, nous diffamer, les étrangers savent bien que nous nous calomnions et ils continuent à nous suivre dans nos gestes, fussent-ils épileptiformes, et à nous imiter dans nos modes. Giangurgolo est si amusant ! Cette obsédante affaire Dreyfus n'a aussi profondément inté-

ressé et passionné l'étranger que parce qu'elle avait
Paris pour théâtre. Imaginez le procès Dreyfus instruit à Berlin ou à Pétersbourg, on n'en parlerait
même pas.

Ce *diantre* de Paris (comme Mme de Sévigné
disait ce *diantre* de Rhône) est encore le point de
mire de tout un univers qui souvent fait mine de
le mépriser et qui l'envie. Que de pamphlets entassés
contre la *Babylone moderne !* Babylone sourit. Babylone répond en haussant les épaules et dit aux
diverses patries de ses détracteurs :

— Babylone vous-mêmes !...

Giangurgolo continue à rire son bonnet sur l'oreille
et ses grelots en mains. Et voilà pourquoi j'ai plaisir à raconter au jour le jour — entre deux répéti-
tions et deux lettres administratives — *la Vie à Paris*
et pourquoi mes feuillets de papier vert et libre me
consolent du papier à en-tête officiel. C'est à Auguste
Villemot que je dois ce titre et le fin moraliste, le
chroniqueur narquois, a laissé deux volumes, publiés
par Hetzel jadis, qui sont des modèles de causerie
bonhomme — ou bonne fille.

La Vie à Paris, de Villemot, deux in-18 délicieux
où l'on trouvera, versé dans un flacon de cristal de
forme bourgeoise, un extrait de cette essence de
parisine dont parlait Roqueplan. Et si Paris dispa-

raissait, emporté par quelque cataclysme, on en retrouverait l'esprit dans ces volumes d'une bonne grâce sans façon qui sont comme les observations familières d'un bonhomme Franklin-boulevardier.

Amuse-nous toujours, Giangurgolo, et la princesse Lidia continuera à t'adorer!... Pour moi, Paris est mon charme, mon spectacle de tous les jours, ma ville préférée, la ville unique, à vrai dire, et béni soit le sort ! c'est vivre deux fois que de vivre à Paris et de la vie de Paris.

Jules CLARETIE,
de l'Académie française.

DU POÈME

DANS LE DRAME MUSICAL

Tout homme de bonne foi, quels que soient ses goûts personnels, doit reconnaître qu'une nouvelle forme du drame lyrique ou, pour parler plus exactement, du drame musical, s'est formulée, s'est affirmée, s'impose et s'imposera chaque jour davantage, avec toutes ses conséquences, jusqu'au moment proche ou lointain de quelque nouvelle évolution des esprits. Aujourd'hui elle existe incontestablement et triomphe. D'où qu'elle nous soit venue ; qu'elle ait été pressentie dès le siècle dernier par l'instinct des petits musiciens de France, que Gluck, le cornélien, l'ait déjà, presque tout à fait, — non sans les conseils ni sans la discipline d'un poète qu'il paya de la plus noire ingratitude, — réalisée en ses augustes tragédies, qu'elle se soit élargie en Weber, pour s'épanouir infiniment en l'œuvre wagnérienne; ou bien qu'elle soit née, comme tout à coup, sans préparation, sans prophétie même, spontanément et totalement, du génie de Richard Wagner, n'importe, la voici, indéniable et invincible.

En quoi consiste-t-elle ? ou bien, pour parler moins absolument, en quoi l'actuel drame musical diffère-t-il de l'opéra de naguère ?

Ce qui saute tout de suite aux oreilles, c'est que la nouvelle musique théâtrale rompt l'étroitesse surannée, — où l'inspiration était à la gêne et se banalisait en formules, — des airs, des cavatines, des ariettes, ne consent plus à des divisions arbitraires, ne s'interrompt pas, laisse se développer infiniment la mélodie, non point sans règles, mais selon de plus libres lois ; en outre, et comme en compensation des amusettes vocales qu'elle s'interdit, elle se plaît à des nouveautés de rythmes et recourt, dans l'orchestre, aux harmonies rares, aux imprévus hymens d'instruments et à toutes les intensités de la polyphonie. Mais ce ne sont là que des nouveautés pour ainsi dire extérieures, et la vraie, on pourrait dire la seule originalité du drame musical tel que nous le voulons ou le subissons, c'est l'union parfaite, en toutes leurs parties — union qui doit aller jusqu'à une indissoluble unité — de la mélodie et de la pensée. Dramatique ou lyrique, émotionnelle ou pittoresque, la parole-musique n'est plus qu'un unique chant ; il n'y a plus le poète et le musicien, il y a le poète-musicien. Même le trait d'union est de trop : il n'y a plus que le *tondichter*, c'est-à-dire le poète par le son. Rappelez-vous l'apologue wagnérien : la Poésie, qui est le mâle, rencontra la Musique, qui est la femelle, et le mâle assaillit la femelle, et ainsi fut engendré le drame musical. J'insiste encore : il ne s'agit pas d'une docile adaptation de l'invention mélodique à l'invention poétique ; ceci fut de tout temps la règle ; pas de musicien qui ne se soit préoccupé d'accommoder la cadence de l'Air à la prosodie du Vers ; et faire rendre l'âme à une jeune personne *tempo di mazurka* est le fait sans importance d'aimables génies qui, sous le coup des plus fortes émotions, se plaisent à penser à autre chose. La musique moderne n'est pas l'esclave toujours prête à s'enfuir : elle est l'épouse inconcevable hors de l'indissoluble couple. Cette affirmation wagnérienne, propagée par des chefs-d'œuvre, nous régit.

Ceci dit, on conçoit l'importance non seulement considérable, mais, à mieux parler, souveraine,
qu'a prise tout à coup, dans la collaboration du
poème et de la musique, le poème.

Heureux ceux qui, à l'exemple du maître de
Bayreuth, peuvent être soi-même le poète de leur
soi musicien ; car, en ce cas, l'unité n'est plus le
résultat d'un effort, n'est plus artificielle, existe
inévitablement ! et c'est mon espérance que, dans
un avenir prochain, par une réalisation, sous la
forme poétique, de la poésie qui est en eux, qui ne
peut pas ne pas être en eux s'ils ont du talent, —
car la poésie c'est tous les arts, et chaque art n'en
est qu'une expression spéciale, — les faiseurs de
musique dramatique seront leurs propres faiseurs de
drames.

En attendant, s'impose irréfutablement, en vue
de la beauté de l'œuvre commune, la beauté de
l'initial poème. Ce que j'écris en ce moment, je ne
pense pas qu'aucun des nouveaux musiciens français
puisse sérieusement songer à le contester. Ils sentent
parfaitement et ils disent que, ne voulant plus faire
des opéras, ils ne sauraient plus se contenter de
livrets d'opéra. Mais ce qu'ils croient et affirment
théoriquement, ils ne l'appliquent ou ne peuvent
l'appliquer qu'assez rarement dans la pratique de

leur art. Il y a les conseils des directeurs de théâtre, — on ne peut pas leur désobéir absolument, il faut bien être joué ! — il y a les insistances adroites, en vue du nom sur l'affiche (quart de gloire, mais moitié des droits d'auteur) des librettistes prépondérants, au Foyer de la Danse par des rumeurs de discrètes collaborations directoriales, et d'ailleurs résolus, affirment-ils, aux nécessités de l'art nouveau, dont ils n'omettent que la principale, c'est-à-dire le génie. Ajoutez que les jeunes compositeurs, en dépit du « système » qu'ils préconisent, ne sont pas toujours exempts d'un égoïsme d'art. Ils voudraient bien d'un poète qui aurait assez de talent et d'invention pour leur permettre d'avoir, eux, énormément de talent, mais ils n'ont pas encore toute la résignation qu'il faudrait pour souffrir qu'il en eût autant qu'eux et en même temps qu'eux. Non, ils ne sont pas entièrement dégagés d'un désir de Scribes grâce auxquels ils seraient mieux que des Meyerbeers, et il leur arrive de se contenter avec enthousiasme d'un poème parfaitement inepte en soi et qui n'a que la niaise ressemblance de ce qu'il devrait être pour qu'ils fussent, eux, tout à fait eux-mêmes. De récentes expériences, malheureuses, ne les ramèneront pas, je gage, à un plus juste sentiment de leur propre intérêt. Que demain on

leur offre un *Prométhée,* — Eschyle modernisé par
M. Nuitter ou par M. Gheusi, — ils s'enthousias-
meront de la vision du voleur de feu au flanc déchiré
d'un vautour, sans songer que, s'accommodant à
des vers qui paraîtraient agréables dans un couplet
de facture d'une revue de fin d'année, leur musique
essayera en vain d'exprimer les longues plaintes en
ondes et les gémissements, pareils au vent de la
mer, des Océanides !

Tant pis pour eux. Il n'en est pas moins avéré
que la beauté du poème est indispensable à la beauté
du drame musical.

Mais ce poème, quel doit-il être, en l'état actuel
de la pensée française ?

Ce qu'il y a d'admirable et de fécond en le
système wagnérien, c'est qu'il n'élève aucune borne,
c'est qu'il n'exige aucune ressemblance. Il n'est
qu'une porte ouverte vers qui un génie vous
poussa. Passez, les uns et les autres, chacun différent
de tous les autres, différent surtout (oh ! je vous
en prie !) de celui qui créa le passage. Et, au delà
de la porte, il y a assez d'espace pour que, dans
l'essor libre, ne persiste plus rien de la primitive
poussée ; même l'ingratitude vous est permise
envers qui ouvrit les deux battants. Choisissez donc
quels seront, ô musiciens nouveaux ! vos poèmes.

La question est grave.

Il est bien évident que, si je m'abandonnais à mes instincts personnels et à mes antiques admirations, je serais porté à affirmer que la musique, puisqu'elle est le vague et puisqu'elle peut l'infini, doit surtout chercher ses motifs d'expression dramatique dans les récits légendaires, dans les mythes primitifs de l'humanité développés en symboles. Entendons-nous bien : je ne conseille aucune analogie avec ceux des drames wagnériens qui sont vraiment de l'Allemagne et qui, même, sont de la Germanie jusqu'à être scandinaves. J'ai quelque propension au contraire, à souhaiter que, artistiquement, les races restent chez elle ; elles ne doivent s'emprunter l'une à l'autre que ce qu'elles pensent l'une de l'autre s'assimiler. Si j'ai ardemment souhaité sur les théâtres de France *Lohengrin*, qui est notre Chevalier au Cygne ; si j'attends avec impatience le triomphe de *Tristan et Yseult*, qui, outre que l'origine de ce drame est française, s'universalise par la passion, par la seule passion, commune à tous les vivants, on m'a vu, même dans mes conférences à l'Opéra, où cependant ma fonction consentie, — et consentie avec quelle joie — était de faire connaître l'*Anneau du Niebelung* avant qu'on entendît ce surhumain drame épique, on m'a vu, dis-je, faire des réserves quant à la popularisation, chez nous, du miraculeux chef-d'œuvre où revit l'antiquité d'une famille humaine diverse de la nôtre ; et, non sans éperdu enthousiasme pour l'œuvre elle-même, j'ai presque regretté la représentation en France des *Maîtres Chanteurs*, qui, je le maintiens, ne peuvent, tant c'est œuvre allemande, nous émouvoir ou nous charmer que par des parties où ne vit point leur intime personnalité. Mais il y a des légendes françaises comme il y a des légendes germaniques ; nous avons dans nos traditions, dans nos chansons de gestes, des héros, des chevaliers, des héroïnes, et tant de charmeresses ; jamais je n'ai pu songer sans envie au poète qui fournira à quelque grand musicien l'occasion d'exprimer, en drame musical, l'ancestrale chimère de nos rêves de jadis. Quelle énorme voie s'offre aux rénovateurs de notre passé ! Des colères me prennent quand je songe qu'on a laissé à un poète imbécile, qui fut en même temps un compositeur déplorable, la gloire de dire : « Voici Roland ! » Combien nous avons tort de nous croire si pauvres, étant si riches, et qu'il serait facile — avec énormément de génie poétique et de génie musical — d'être un Wagner français.

Ce Wagner-là, je l'attends, hélas ! encore... Je ne puis me résoudre à désespérer qu'il surgisse.

Mais si ma chimère s'obstine à cette espérance que le véritable drame musical français naîtra de la légende française, je suis bien éloigné de croire qu'il en sera ainsi parce que je le crois, et l'on me voit prêt à approuver, à seconder, à admirer, toutes les espèces d'efforts qui tendront, d'autre façon, vers le même idéal. Même je ne reproche à la récente tentative de M. Émile Zola, dans *Messidor*, que de n'avoir pas été assez radicalement novatrice, de n'avoir qu'insuffisamment réalisé le dessein artistique qu'il avait le droit de se proposer. On nous avait promis le naturalisme dans le drame musical. Pour parodier un mot célèbre, le drame musical, désormais, serait naturaliste ou ne serait pas. Or, le naturalisme, dans l'œuvre de M. Émile Zola, je le cherche et ne le trouve que dans quelques détails. Non, les personnages de *Messidor* ne sont pas de réels vivants, de personnels vivants ; aucun n'est quelqu'un en effet, et chacun est un symbole.

Quoi donc ! *Messidor* n'apporte-t-il aucune innovation dans le drame musical ?

Si fait. — Laquelle ?

L'extériorité, çà et là, de la modernité.

Au lieu des seigneurs de soie et de velours qui illuminèrent les opéras d'autrefois ; au lieu des héros aux casques ailés d'ailes de ramiers et qui se

penchent vers les cygnes du mont Salvat, au lieu des
jeunes châtelaines qui, de leur balcon, espèrent dans
les étoiles le regard des yeux de leur sauveur ; au
lieu des chefs coiffés de têtes de loup et des borgnes,
dieux errants, voici des patrons d'usines, des
ouvriers, des campagnards, que l'Opéra, d'ailleurs,
a tous habillés en paysans du Val d'Andorre, et de
jeunes demoiselles presque bourgeoises, qui, tout de
même, à cause de la robe si élégante en sa simplicité, diffèrent à peine des Marguerites, des Ophélies
et des Elsas coutumières. En outre des volontés
d'attitudes familières, des discours d'un ton actuel,
pas toujours, mais quelquefois, et plus importantes,
des inquiétudes de l'état contemporain des esprits
— souci qui s'abaisse jusqu'à l'allusion — tendent
à exclure les apparences d'héroïsme et de chimérique beauté. Mais loin de parvenir à nous donner
véritablement l'impression du nouveau, ces menues
innovations, si faciles d'ailleurs, n'aboutissent qu'à
une pénible, qu'à une irritante contradiction, avec
l'incontestable idéal qui est le principal caractère de
l'œuvre. Je le répète, voulant être révolutionnaire,
M. Émile Zola ne l'a pas été assez ; et puisqu'il ne
voulut point, ou n'osa point l'être tout à fait, il eût
mieux valu qu'il ne le fût pas du tout.

Une autre innovation purement technique a été

tentée par M. Émile Zola : je veux dire la substitution, dans le drame musical, de la prose au vers. Une fois encore, j'affirme que je ne m'épouvante d'aucune nouveauté ; je crois que dans tous les arts, par le génie, tout est possible. Cependant, et encore qu'ici comme en toute autre question, je sois capable de tenir peu de compte de mes préférences personnelles, je tiens que pour longtemps encore, le vers doit demeurer le langage-prétexte de la mélodie. Et voici mes raisons.

Pourquoi depuis un temps, — on ne saurait le nier — les compositeurs s'écartent-ils du vers, inclinent-ils vers la prose ? Parce qu'ils ont jugé que les vers du librettiste resserraient, étouffaient, et surtout banalisaient, par l'étroitesse presque toujours pareille des rythmes, leur libre inspiration ; et il leur a semblé qu'à l'heure où la mélodie se libérait des formules, elle avait besoin, pour se développer toute, d'une parole moins niaisement stricte et moins obligatoire. A la bonne heure ! Rien de plus juste ! rien de plus sensé ! Mais ils ont fait une confusion. A cause du souvenir des livrets de naguère, ils ont cru que le rythme poétique, d'où doit naître le rythme musical, était incapable de leur offrir l'occasion d'une assez large indépendance mélodique. Erreur ! Le rythme poétique est nombreux, divers,

infini, lorsque c'est un véritable poète qui en use.
Et, loin de craindre d'en être gênés, ils devraient au
contraire redouter de ne pas pouvoir le suivre assez
loin, en les innombrables diversités, en les prodi-
gieux protéismes qu'il est capable d'inventer. A ce
propos l'exemple de Wagner a été cité absurdement.
Jamais il ne renonça au vers ; non seulement dans ses
premières œuvres, mais dans *Tristan*, puis dans les
Maîtres Chanteurs, il rythma et rima; bien plus, dans
l'*Anneau du Niebelung* même, il s'efforce, conformé-
ment au génie de sa race retournée à ses plus antiques
origines, de rénover par l'allitération et le martèle-
ment des syllabes brèves ou longues, un vers encore
plus strict, encore plus *vers* que ceux du comte de
Platen, de Schiller et de Gœthe. Est-ce à dire que,
absolument, les musiciens ont tort de recourir à la
prose ? Non, sans doute. Bien que, dans ma pensée,
ils négligent imprudemment la poésie, par un juste
mépris des mirlitonnades d'autrefois et en l'ignorance sans doute des ressources que pourrait offrir
à leur inspiration le libre vers inspiré, j'accorde qu'il
leur soit loisible de se plaire à l'expansion plus
libre encore de la prose. Mais si faut-il en ce cas
que la prose destinée à devenir leur mélodie ne
soit point dépourvue de rythmes; car, songez-y
bien, sans rythmes, surtout en ce temps où la

mélodie continue tend de plus en plus à se disper-
ser, point de musique en effet. C'est donc que la
musique s'en tiendra à ses rythmes personnels,
inventés par elle seule ? Mais alors que devient —
selon le système actuel auquel tous s'accordent —
l'obéissance de la musique au poème ? et de quel
droit imposerait-elle à la phrase écrite qui sera
chantée, des ralentissements, des haltes, des
suspensions, des précipitations qui ne lui furent pas
suggérés par la phrase elle-même ?

Cependant l'Avenir ?

S'il n'est plus à Dieu, il est au génie. Et tout ce
que je viens de dire ne serait qu'une chimérique
objection à une œuvre de beauté absolue.

Catulle MENDÈS.

NOUVEAU THÉATRE

S'IL se pouvait qu'un étranger, placeur en bibles
et voyageant pour la vertu, doutât encore de
cette « dégénérescence » française dont la découverte
fait tant d'honneur au pince-nez de notre confrère

allemand M. Max Nordau, il n'aurait, en ce moment, qu'à en recueillir, pour ses sept francs, la preuve dans n'importe quel fauteuil d'orchestre du premier venu de nos théâtres parisiens, — car elle s'y étale. Au retour dans son pays, tous les droits lui seraient acquis de fulminer sur Babylone et de dire à ses seize enfants, échelonnés par rang d'âge et de sagesse, que, chez nous, par exemple, le mariage est un mythe dont l'adultère lui-même n'étaye plus la feinte et que, sous la troisième, en France, la question de la relation des sexes est résolue par la simple loi animale de la copulation. « Cela résulte, enseignerait le voyageur, de toutes les comédies que l'on représente sous les lustres de la Ville Lumière, autant que de la philosophie dont s'inspirent les meilleurs poètes dramatiques, paîts par l'Oncle.»

Eh bien, « l'ennemi » ne nous calomnierait pas beaucoup. Je ne sais si vous vous en rendez compte, mais les problèmes d'amour proposés depuis quelques années au public sont vraiment d'une étrange espèce, et ce qu'on en peut dire de plus réservé c'est que l'amour y manque d'abord, qu'ensuite on l'y cherche vainement et qu'enfin on n'en trouve point ombre. Peut-être le sentiment connu sous ce vocable antique de : « Amour », est-il tellement éliminé du monde moderne et banni de nos sociétés d'affaires que nous ayons déjà perdu jusqu'à la notion des forces qu'il mettait en œuvre. Toujours est-il que ce ressort de la littérature d'imagination est cassé et qu'il n'active plus ni le roman, ni le théâtre. Soit par analyse, soit par synthèse, selon les écoles, mais dans toutes les écoles, les auteurs lui ont substitué un autre mouvement à six trous en rubis qui en fait la frime, et qui, parti de France sous le nom de fleuretage, il y a un siècle, nous revient aujourd'hui d'Amérique et s'appelle : « Flirt ».

De ce flirt ou fleuretage, qui est la camelote de l'amour, le monument littéraire a été dressé au dix-huitième siècle par un excellent militaire, et il semblait qu'après Choderlos de Laclos les *Liaisons dangereuses* ne fussent plus à refaire. La vie de garnison avait donné là son chef-d'œuvre. Mais s'il n'était plus à refaire, il restait à démarquer. Ce démarquage constitue le plus clair de notre art dramatique contemporain. Nos nouveautés éclosent de ce renouveau, éventé de yankeesme et, devant notre société, veuve de l'amour et consolée, les poètes ne traitent plus que de la casuistique des coïts inféconds et des ruts sans conséquence.

Certes, depuis Molière et les grands comiques, le mariage la danse. Il la danse triséculairement, le

pauvre Sganarelle, et ses vénérables mollets sont
rougis et zébrés de la meurtrissure des lanières dont
le fouaillent les moralistes de la scène. Que cette
fustigation fût à contre-morale et à contre-législation,
qui en doute ? Mais, au moins, la malice de la
race lui opposait-elle, avec la farce du cocuage, la
contradiction d'une loi naturelle, et le conflit joyeux
était-il de bonne guerre sociale. Mariage entrepris
par Adultère, tels étaient les chevaliers de la lice et
les servants du tournoi. Il en valait la peine. On
en avait pour son rire et ses larmes. Et puis, peuple
héroïque en somme, la palme restait à l'amour,
vainqueur éternel, dont Dieu lui-même consacre la
victoire idéale.

Nous voici loin de cette donnée nationale sur
laquelle se sont exercés tant de maîtres. Non seulement Mariage n'est plus en lutte, comique ou tra-
gique, avec Adultère, mais ils sont inséparables et
fondamentalement unis sur la même base. Ils
forment la quantité connue d'où l'on part pour
trouver les inconnues, et le postulat scénique du
théâtre. Le ménage à trois, usuel, normal et courant,
tel qu'on le pratique sur toute l'échelle, dans toutes
les classes, est le point de départ des études dialo-
guées les plus continentes, de celles même où les
familles sévères conduisent sans crainte leurs filles,

des études dites littéraires qui sont la gloire des
scènes subventionnées et de la haute littérature
d'État. Au lever du rideau, toute femme a deux
hommes, le mari et l'amant, comme dans la vie
réelle, colonnes parallèles de son foyer, et si elle y
joint une amie de son sexe pour les dimanches et
fêtes, elle est encore la femme honnête, celle qui n'a
point fait de faute et sur laquelle la calomnie s'use
les dents. C'est à cette vertu vraiment bourgeoise
que les « cas » commencent, et les problèmes, d'ailleurs strictement physiologiques, car il ne saurait
être question d'âme pour nos sophistes de l'accouple-
ment. Après le mari, l'amant et l'amie, si la femme
honnête est encore malheureuse, s'il lui manque quelqu'un ou quelque chose, elle entre dans le domaine
dramatique, mais elle y entre seulement à ce moment, elle est en crise, et en crise passionnelle. Elle
clame aux garçonnières. Elle va tomber, succom-
ber, se perdre peut-être, et, ça, c'est du théâtre !
Trompera-t-elle donc, sur un simple appel de la nature, trois personnes qui l'adorent également et à
qui elle appartient avec partage ? L'intérêt de la
situation le dispute à celui du caractère. Rien de
plus poignant que de savoir si elle désertera son
triple devoir pour rejoindre l'inconnu qui lui a fait
« Pstt ! Pstt ! » sur le trottoir, le jour où elle sor-

tait de la messe, du bain ou des magasins du
Louvre, et qui, le premier, semble lui promettre du
fruit défendu des jardins du diable. C'est sur cette
situation que s'exerce uniquement le génie de nos
écrivains à la mode.

La femme mariée, au théâtre, n'a jamais d'enfant. Elle n'ose pas, de peur sans doute d'embêter
l'inconnu du trottoir, qui est l'X du problème.
L'enfant, solution de tous les cas, si on l'admettait,
est toujours omis par nos professeurs savants de
sensualité dramatique, qui, au besoin, le flanquent
en nourrice et l'y laissent. Selon la loi théâtrale,
toutes les femmes sont bréhaignes. On s'en doutait
aux statistiques.

Quant au mari, qui est-ce ? Personnage vague et
honoraire, créé pour répondre aux notaires, s'il y a
lieu, ce bonhomme de tapisserie conjugale s'efface
de plus en plus dans sa fiction décorative. L'amant
est plus en façade et il pose en pied, mais déjà il n'est
plus que le mâle coutumier du couple à trois et le
substitut du démissionnaire. Ce n'est pas l'ancien
Sganarelle, c'est le nouveau, celui qui a la fonction
sans le titre, et il est déjà ridicule. Si cela continue,
avant une dizaine de pièces, il n'osera même
plus être l'ami du mari et l'amant de l'amie du
dimanche.

Telles sont les mœurs que peignent, d'après nature, jurent-ils, les auteurs en vogue de notre théâtre
parisien, et celui qui les en croirait sur parole,
et surtout sur talent, n'aurait plus qu'à tresser une
couronne à ce Jérémie de Max Nordau. Mais en
sommes-nous là, véritablement, et si vous peignez
nos femmes françaises, comme vous le jurez, d'après
nature, êtes-vous bien sûrs, ô mes poètes, de ne
pas prendre pour modèles vos interprètes, beaucoup
plus que vos spectatrices ?

ÉMILE BERGERAT.

LA RELIURE EN 1897

On fait en ce temps-ci de bien belles reliures. Positivement, les clients ne manquent pas aux relieurs. Ce n'est plus l'époque où un grand amateur comme Peiresc écrivait : « J'ai un bon petit relieur qui ferait aussi bien que Le Gascon s'il avait d'aussi jolis *petits fers* ». Les Peirescs de nos jours fournissent à leurs relieurs tous les fers qui leur manquent. Notez qu'en cela ils ont bien raison. Il n'y eut jamais un plus grand nombre d'amateurs dirigeant eux-mêmes d'aussi près l'habillement de leurs chers livres et y consacrant des sommes plus fortes. Je ne

dis pas que nos relieurs d'art soient par là même
en train de bâtir des hôtels dans le quartier Mar-
beuf sur leurs économies. On leur demande autant
qu'on leur donne. Telle reliure a été payée mille et
deux mille francs, parfois davantage, qui représente
un si long et si laborieux travail qu'en somme la
journée de l'ouvrier-artiste n'a été rémunérée qu'à
un taux minime.

D'autres satisfactions bien légitimes sont prodi-
guées à ces artistes. Ils n'opèrent plus dans des caves;
ils sont connus du grand public. Les Salons annuels
leur sont ouverts. Le Champ-de-Mars a donné
l'exemple ; les Champs-Élysées — qui continueront
à porter ce nom quoiqu'il n'y ait plus de Champs-
Élysées, — ont suivi. Il y a, en outre, les Exposi-
tions internationales. Bruxelles en a possédé une
l'année dernière : la reliure y a occupé une large place
et nos exposants français y ont fait bonne figure.
M. Léon Gruel avait envoyé, hors concours, à
Bruxelles, plusieurs œuvres remarquables. Ruban y
a obtenu une médaille d'or. Des médailles d'argent
y ont été décernées à Carayon — qui sait élever le
cartonnage au niveau du grand art, — à David fils,
à Durvand... J'en passe.

De Bruxelles, en juin 1897, je me rendis à Stockolm. Nouvelle Exposition, nouvelle section de

reliure. Ici, les Français brillaient par leur absence.
Entendons-nous. S'il n'y avait pas de travaux signés
de leurs noms, leur influence était visible. Ils ont
— le savent-ils ? — des imitateurs, quelquefois des
émules dans les pays scandinaves. L'art où ils sont
passés maîtres y compte des adeptes dont la contri-
bution est importante. Ajoutez que les relieurs de
Stockolm — au premier rang desquels se signale
G. Hedberg — et ceux de Copenhague ne sont pas
simplement des copistes, mais qu'ils savent réaliser
des conceptions originales d'un réel intérêt.

*
* *

Malgré tout, et si importante qu'ait été la production de 1897, personne ne contestera que, dans ce
domaine de la reliure, l'événement capital de l'année
ait été l'apparition du quatrième et dernier volume
de l'étonnant ouvrage de M. H. Beraldi : *La reliure
du XIXe siècle.*

Jusqu'ici, la plupart des livres traitant de la reliure
s'arrêtaient à l'an de grâce 1800. Il semblait que ce
fût la date fatidique. J'en aperçois sans trop de peine
la raison : il est plus facile de répéter des jugements
tout faits, consacrés par l'expérience, admis sans discussion, que d'en formuler d'inédits, sur des œuvres

contemporaines que le temps n'a pas encore revêtues
de sa patine, à propos desquelles la postérité n'a pas
encore rendu son verdict. Ici, on a infiniment plus
de chances de se tromper, mais on peut exercer une
action infiniment plus utile. On n'est plus seulement
un érudit, on est un témoin, un juge, un initia-
teur...

Toutes les qualités requises pour ce rôle, M. H.
Beraldi les réunit. Il a le goût, il a la science. Quelques-uns l'ont taxé de novateur imprudent, même
de révolutionnaire. Ceux-là le connaissaient mal.
Les belles reliures anciennes n'eurent jamais de fer-
vent mieux averti, plus compétent, plus épris. On
n'a qu'à aller chez lui, dans son musée, pour en admirer qui sont des merveilles. Il m'est arrivé de le
surprendre en extase devant les vitrines où sont
exposés, à la Bibliothèque Nationale, les chefs-
d'œuvre dus à l'inconnu qu'on appelle, faute de pouvoir le désigner par son nom propre, le « grand
doreur de Henri II » : « Je me rince l'œil », me
disait-il.

D'où vient donc que M. Beraldi soit encore mis
dans une sorte de quarantaine par d'illustres bibliophiles dont il se venge en les qualifiant sans aucun
respect de « vénérants » ? — Voici : M. Beraldi
ne peut pas se résigner à admettre que le dernier

mot de l'art en reliure, et dans les autres domaines,
soit de copier servilement, de copier toujours. Il a
consacré à développer cette idée un volume presque
entier — le IIIe — de son ouvrage sur la *Reliure*,
cet ouvrage auquel je persiste à appliquer l'épithète
d'étonnant, car je ne sache pas de tour de force plus
invraisemblable : quatre volumes sur le seul art de
la reliure dans le seul dix-neuvième siècle ! Quatre
volumes dont chacun compte deux cents pages en
moyenne, avec près de trois cents reproductions au
total, et qui sont composés avec une telle science
que les professionnels s'instruisent à chaque ligne,
écrits avec une telle verve que les profanes les lisent
d'un bout à l'autre sans connaître une seule minute
l'ennui ou la fatigue !

*
* *

Eh quoi ! objectent les « vénérants » ; il aurait
donc fallu pour trouver grâce aux yeux de M. Beraldi,
que l'admirable Trautz-Bauzonnet et ses satellites, les
Capé, les Duru, les Niédrée, tous ces excellents
praticiens auxquels nous avions accoutumé de
confier nos classiques du grand siècle ou nos poètes
de la Pléiade, se livrassent, sur ces livres respectés,
à des innovations, pour ne pas dire à des imagina-
tions dévergondées ?...

— Pardon, M. Beraldi n'a jamais prétendu cela. Sa thèse est fort différente. Il dit aux « vénérants » : Pourquoi vous obstiniez-vous à ne faire relier que des livres vieux de deux ou trois cents ans ? Pourquoi affectiez-vous de vivre en émigrés à l'intérieur, n'oubliant rien, sans doute, mais n'apprenant rien, vous isolant du mouvement artistique et littéraire de votre temps, vous donnant l'air d'ignorer qu'il y avait autour de vous des auteurs, des dessinateurs, et qu'à leurs formules nouvelles, des décors nouveaux de reliure pouvaient et devaient s'adapter ?

L'exclusivisme de ces « vénérants » était condamnable, c'est certain. Aussi bien les résultats l'ont condamné. Ils n'ont pas voulu susciter, encourager, diriger le Livre moderne. Quand on pense qu'au temps de ces bibliophiles vivait un illustrateur tel que Gustave Doré, et qu'ils ne firent rien pour lui donner les conseils dont il avait besoin, pour le mettre à même de produire les œuvres dont il était capable ! Le Livre moderne a surgi cependant ; il a surgi malgré les bibliophiles dits autorisés ; il s'est passé d'eux, ce qui fut, tout d'abord, fâcheux pour eux et pour lui.

« A jeune femme... », dit la chanson ; on sait le reste. Pareillement, à de jeunes livres, il a fallu de jeunes reliures ; et, sous les yeux consternés des

« vénérants », ce fut une poussée de décorations inédites, souvent baroques, une génération spontanée de reliures-tableaux, de reliures-sculptures, un dévergondage de symboles (!) voire de symphonies (!!) en cuir.

Ne croyez pas que M. Beraldi approuve ces outrances. Il est bien trop homme de goût. Il pose deux règles dont la saine application doit prévenir les excès. En premier lieu, il exige un *métier* irréprochable. Pas de tricheries ! Si cette règle gêne ceux qui voudraient masquer les faiblesses du « corps d'ouvrage » par la profusion des ornements, tant pis pour eux ! En second lieu, il faut que la reliure reste la reliure, qu'elle se contente des moyens qui lui sont propres, qu'elle ne vise pas à produire des effets qui ne sont pas de son ressort, qu'elle répudie les alliages hétérogènes.

Sans doute, pour des cas exceptionnels, sur des livres également exceptionnels, on ne peut que se réjouir de voir Marius Michel posséder et appliquer le procédé du « cuir incisé », — Léon Gruel celui du « cuir ciselé », — R. Raparlier, celui du « cuir modelé ». Ce sont là des ressources précieuses, à la condition que l'usage en soit circonspect. Mais il faut toujours maintenir le principe : pour la décoration du livre, le vrai outil est le « fer », mieux

encore le simple « filet ». On l'a dit avec raison :
le fer est outil d'ouvrier, le filet est outil d'artiste.

*
* *

En terminant son ouvrage, M. Beraldi signale les
symptômes qui lui apparaissent, et qui le rassurent,
d'un retour à la simplicité dans les moyens et au
bon sens dans les conceptions. Il écrivait avant de
connaître les Salons de 1897. Ces Salons ont confirmé
ses espérances.

Ce n'est pas que les reliures contre lesquelles il
réclame au double point de vue qui vient d'être
indiqué n'y aient encore été représentées : M. Wie-
ner, de Nancy, avait une vitrine au Champ-de-Mars;
c'est tout dire. Mais ces fantaisies n'ont plus d'incon-
vénients, en ce sens qu'elles n'ont plus d'imitateurs.
Ça me sera égal que tel décadent s'attarde à rimer
des « écritures » auxquelles on ne comprend rien,
le jour où il n'y aura plus d'école décadente.

Voici un maître véritable, et dans tous les sens
du mot, maître par le talent qu'il déploie et maître
par l'influence qu'il exerce : Marius Michel. De plus
en plus il s'élève à la pure simplicité du très grand
art. Coloriste, il recherche les nuances rares, exquises;
dessinateur, il tire de la flore ornementale, « styli-
sée », des motifs toujours plus saisissants dans leur

noble sobriété. On a longtemps réclamé un style XIXe siècle. Il est trouvé ; il s'affirme par des œuvres de premier ordre. La vitrine de Marius Michel au Champ-de-Mars contenait des modèles qui resteront. Il faudrait tout citer ; du moins on me permettra de donner une mention spéciale à la reliure qui décorait un exemplaire des *Nuits,* d'Alfred de Musset, le premier livre auquel M. Édouard Pelletan ait attaché, comme éditeur, son nom qui est maintenant, grâce à des publications de plus en plus parfaites, si apprécié des amateurs.

Moins digne d'éloges sans réserves, la vitrine de M. Meunier renfermait des reliures déjà excellentes à côté d'autres discutables, mais toutes attestaient une meilleure exécution et une tendance vers des décorations moins surchargées qu'autrefois. Meunier est dès à présent inscrit, comme l'a dit M. Beraldi, sur la liste des bons relieurs du XXe siècle.

P. Ruban, — qui expose aux Champs-Élysées — n'a pas besoin d'attendre, pour être définitivement classé, le siècle à venir. Chercheur intéressant, travailleur opiniâtre, il est en pleine possession de ses moyens ; il a des idées et il sait les rendre. Telle de ses reliures, par exemple celle qui ornait un exemplaire de l'*Effort,* mérite d'être citée comme un

tour de force. Qu'il apprenne seulement à se borner
— comme fait Marius Michel, — qu'il renonce à
montrer sur chacun de ses ouvrages toute la variété
des effets dont il dispose, et ce sera la perfection. Le
jury du Salon lui a décerné une récompense ; c'était
justice.

Cette fois, on a cherché vainement la vitrine de
M. Léon Gruel : il fallait — je l'ai dit — aller à
Bruxelles pour la voir. N'empêche que des travaux
remarquables sont sortis de son atelier en 1897 :
je citerai notamment la reliure de l'*Album* offert par
l'Escadre du Nord à S. M. l'Impératrice de Russie.
Et puis il y a les travaux en préparation, qu'on
sera admis à contempler en 1900... je n'en puis
pas dire davantage. Mais je manquerais à mon devoir
si je ne mentionnais pas d'un mot l'importance du
rôle de M. Gruel à la tête de la « Chambre syndi-
cale patronale » de la reliure. Il fait des cours ; il
dirige avec son digne collaborateur, M. Lemale,
l'utile revue *La Reliure ;* il prodigue à ses confrères
les marques de son dévouement. Il signe d'excellents
ouvrages et il ne signe pas toutes les excellentes
actions qu'il accomplit, attendu qu'il cherche non le
bruit, mais le bien.

Au premier rang des autres relieurs qui n'ont pas
exposé, il y a Mercier : interrogez ses émules, et

tous vous diront que Mercier, successeur de Cuzin, n'a pas d'égal comme doreur. Il y a Chambolle. Il y a Lortic fils. Il y en a d'autres encore. Dans ces ateliers célèbres, on a toujours maintenu la saine tradition ; on s'est préservé de la contagion du mauvais goût qui sévissait ailleurs ; à cette heure, on s'y réjouit de voir les amateurs, instruits par l'expérience, discerner chaque jour davantage l'or du faux clinquant.

Nos relieurs n'ont qu'à continuer deux ans encore, et la prochaine Exposition Universelle montrera que la reliure d'art française est dans une de ses époques les plus brillantes. Je le dis comme je le pense ; or, je raffole des vieilles reliures.

D'EYLAC.

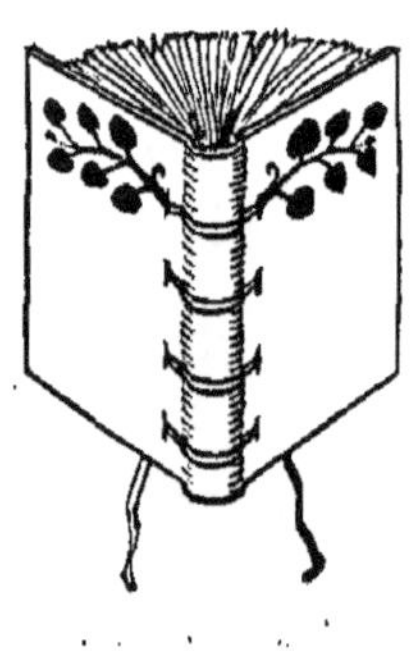

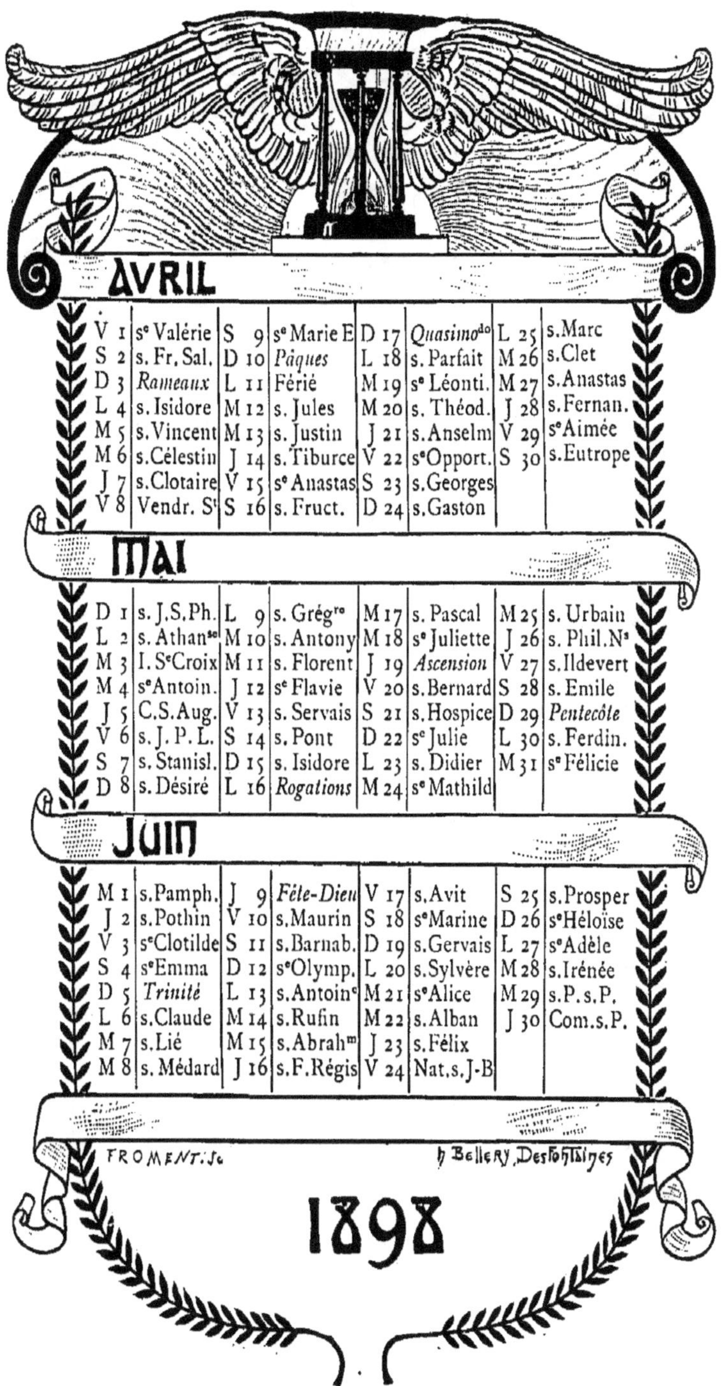

AVRIL
V 1 se Valérie | S 9 se Marie E | D 17 Quasimodo | L 25 s.Marc
S 2 s. Fr. Sal. | D 10 Pâques | L 18 s. Parfait | M 26 s.Clet
D 3 Rameaux | L 11 Férié | M 19 se Léonti. | M 27 s.Anastas
L 4 s. Isidore | M 12 s. Jules | M 20 s. Théod. | J 28 s.Fernan.
M 5 s. Vincent | M 13 s. Justin | J 21 s.Anselm | V 29 se Aimée
M 6 s.Célestin | J 14 s. Tiburce | V 22 se Opport. | S 30 s.Eutrope
J 7 s.Clotaire | V 15 se Anastas | S 23 s.Georges
V 8 Vendr. St | S 16 s. Fruct. | D 24 s.Gaston

MAI
D 1 s. J.S.Ph. | L 9 s. Grégre | M 17 s. Pascal | M 25 s. Urbain
L 2 s. Athanse | M 10 s. Antony | M 18 se Juliette | J 26 s. Phil.Ns
M 3 I. SeCroix | M 11 s. Florent | J 19 Ascension | V 27 s.Ildevert
M 4 se Antoin. | J 12 se Flavie | V 20 s.Bernard | S 28 s. Emile
J 5 C.S.Aug. | V 13 s. Servais | S 21 s.Hospice | D 29 Pentecôte
V 6 s. J.P.L. | S 14 s. Pont | D 22 se Julie | L 30 s.Ferdin.
S 7 s. Stanisl. | D 15 s. Isidore | L 23 s. Didier | M 31 se Félicie
D 8 s. Désiré | L 16 Rogations | M 24 se Mathild

JUIN
M 1 s.Pamph. | J 9 Fête-Dieu | V 17 s.Avit | S 25 s.Prosper
J 2 s.Pothin | V 10 s.Maurin | S 18 se Marine | D 26 se Héloïse
V 3 se Clotilde | S 11 s.Barnab. | D 19 s.Gervais | L 27 se Adèle
S 4 se Emma | D 12 se Olymp. | L 20 s.Sylvère | M 28 s.Irénée
D 5 Trinité | L 13 s.Antoine | M 21 se Alice | M 29 s.P.s.P.
L 6 s.Claude | M 14 s.Rufin | M 22 s.Alban | J 30 Com.s.P.
M 7 s.Lié | M 15 s.Abrahm | J 23 s.Félix
M 8 s.Médard | J 16 s.F.Régis | V 24 Nat.s.J-B

FROMENT. Sc
h BELLERY DesfonTaines
1898

L'IMPRESSIONNISME

QUAND la salle Caillebotte a été ouverte au
musée du Luxembourg, les uns ont crié au
miracle, les autres au scandale. On a vu des gens
furieux lever les épaules, ricaner, et des gens navrés,
les bras ballants, annoncer la fin du monde, cependant que des enthousiastes, l'œil éclairé, proclamaient
qu'après tant de siècles, enfin, la peinture venait de
naître. Les revirements de la mode et du goût nous
ont rendus sceptiques. L'opinion revient de loin :
je cherche vainement les gens qui affirmaient hier

que la musique de Wagner est un inintelligible
charivari. Devant le *Bois Sacré* de Puvis de Chavan-
nes, j'ai vu de belles dames s'amuser beaucoup, je
les retrouve, ou leurs sœurs, en contemplation
devant les cartons du maître, avec un air d'extase
dont je ne me charge pas de commenter les mystères.
Comme tant d'autres, les impressionnistes perdront
et gagneront à entrer dans l'histoire : on dira ce
qu'ils ont voulu, on jugera ce qu'ils ont fait.

I

L'imitation est une des plus graves maladies dont
l'art soit incessamment menacé. La tradition est
nécessaire et dangereuse : il faut aller à l'école, mais
il faut savoir en sortir. Si l'exemple des maîtres
instruit, il intimide. Certes il importe que l'artiste
sache son métier, qu'il s'initie aux secrets de la
technique, qu'il ne revienne pas au balbutiement de
l'enfance, qu'il apprenne la grammaire de la langue
pittoresque, telle que l'a faite l'effort de ceux qui
en ont découvert les ressources en la parlant. Mais
toute cette science n'est qu'un moyen : le difficile
est de n'y plus songer après l'avoir acquise. Tout
art est initiative, audace, ingénuité, courage de
regarder la nature avec ses propres yeux, privilège

de la sentir avec une sorte de nouveauté. On ne
dégage pas des chefs-d'œuvre les formules qui
permettent de les recommencer. Détaché du sentiment original qui le créa, le procédé n'est qu'une
forme vide. Le rôle du réalisme dans l'histoire de
l'art est de réagir contre l'imitation, de mettre
l'esprit en liberté, de lui rendre avec le contact
direct des choses la franchise féconde de l'émotion
sincère. Après l'héroïsme cornélien et le sublime
romanesque, Racine prétend revenir à la nature, à
la simplicité, à la peinture des hommes tels qu'ils
sont, et Boileau l'approuve.

L'impressionnisme n'aura été qu'un des incidents
de cette perpétuelle révolte contre la loi d'inertie
qui porte l'esprit à se répéter lui-même et à laquelle
nous le voyons céder à son tour.

Les impressionnistes accusent les peintres d'École
de ne plus voir le spectacle des choses à force de regarder les toiles noircies des musées ; ils vont à la
découverte de la nature, avec la confiance de trouver dans l'imprévu d'une vision nouvelle l'émotion
qui crée les œuvres vives. Ils n'ont pas seulement
abandonné les musées, ils sont sortis de l'atelier, ils
sont descendus dans la rue, ils sont entrés dans la
vraie campagne, ils y ont découvert quelque chose
de très ancien et de très inconnu, la splendeur du

soleil qui fait rayonner la terre, les douceurs, les
transparences du plein air qui dissipent les ombres
lourdes des éclairements artificiels. Ils ont chassé
les ténèbres de la peinture, ils y ont installé la lumière en souveraine, ils y ont fait vibrer la vraie
clarté après s'en être empli les yeux passionné-
ment.

N'exagérons rien : l'art consiste moins à frapper
fort qu'à toucher juste ; les sensations transposées
gardent leurs rapports, et c'est la beauté même qui
disparaîtrait avec l'harmonie. Les maîtres du passé
ont très bien su que les ombres dans le plein air
s'adoucissent, Léonard de Vinci l'a dit ; Vélas-
quez, ce grand observateur, a prouvé, le pinceau à
la main, qu'il ne l'ignorait pas. Ce qui est vrai,
c'est que les impressionnistes ont eu des audaces
qu'on n'avait point eues avant eux : ils ont affronté
le soleil, bravé toutes les heures du jour ; ils ont
renoncé aux arrangements, aux compromis, à la
composition ; ils ont accueilli la nature telle
qu'elle leur apparaissait, ils ne l'ont pas atténuée,
spiritualisée ; ils se sont mis en face d'elle et ils
l'ont copiée avec le parti pris de la naïveté. Non
seulement ils ont aimé la lumière, ils se sont effor-
cés de la transporter sur la toile avec son éblouisse-
ment, mais, se refusant à tout artifice, ils ont voulu

surprendre les aspects instantanés, fixer le phénomène mobile, arrêter la sensation au moment où
elle naît et au moment où elle va disparaître.

II

Je n'ai pas oublié l'exposition des œuvres de
Manet qui, au lendemain de sa mort, s'ouvrit à
l'École des Beaux-Arts. Les adversaires s'imaginaient
que réunies ces toiles, dont on s'était tant égayé,
se condamneraient elles-mêmes et fixeraient à jamais l'opinion. On allait rire une fois encore et l'on
l'on n'en parlerait plus. Leur attente fut déçue.
Répétée avec une sorte d'insistance, la pensée du
peintre s'imposa aux yeux et aux esprits. Les défauts avaient seuls frappé, les qualités se révélèrent :
une vision saine et franche, l'amour de la lumière
vraie, un effort pour surprendre l'impression directe
des choses sans l'affaiblir ni la fausser. La forme, le
modelé, la construction, la perspective, tout ce qui
implique la réflexion, ses calculs et ses lenteurs, était
sacrifié ; mais, avec le recul nécessaire, l'œuvre
se composait pour l'œil, sinon tout à fait pour
l'esprit, par l'accord des tons, par la sobriété et la
force des colorations (*Olympia,* — *le Balcon,* — *le
Toréador,* etc.), par leur éclat aussi et leur audace

heureuse dans la justesse des valeurs (*Rue pavoi-
sée, — les Tuileries*, etc.). Manet n'était pas le
maniaque ridicule, qui désopilait l'Institut, il était
d'abord un vrai peintre, il était de plus un novateur :
si ses audaces n'étaient pas pleinement justifiées par
des œuvres définitives, il avait trouvé dans une
vision originale des aspects inédits de l'éternelle
nature ; il avait sorti l'École Française de la peinture
assombrie, il l'avait invitée à l'étude des effets di-
rects, il lui avait donné le sens du plein air, le
goût des clartés vives, de la lumière réelle.

Tout un groupe d'artistes entrait dans cette voie
nouvelle. Ils regardaient les choses d'un œil plus
subtil et plus franc, ils insistaient sur leurs sensations,
ils observaient les transparences de l'atmosphère,
l'effacement des couleurs sous le soleil ardent, les
reflets, le jeu des complémentaires. Ils allaient sans
se soucier des résistances du public que ces analyses
déconcertaient. De Nittis apportait son œil délicat à la
notation de nos rues, de nos jardins, de nos hippo-
dromes dans le poudroiement des poussières parisiennes. Renoir, dans ses *Baigneuses*, dans ses études de
nu, cherchait ce que devient la chair dans la clarté
qui la pénètre et en fait onduler les contours. Raffaelli, avec un sens indéniable du caractère, de ce
qu'il y a de significatif dans un aspect des choses,

dans un geste d'habitude, se faisait le peintre des banlieues tristes et de leurs tristes habitants. Sisley, Pissaro, avec des inégalités, avaient leurs rencontres heureuses.

Mais le vrai maître du paysage impressionniste me paraît être Claude Monet. Cet homme robuste, d'allure un peu lourde, ce paysan qui n'a rien à dire avec les mots, est un merveilleux instrument de sensations subtiles. Il ne discute pas avec la nature, il s'y abandonne ; elle se réfléchit en lui bien plutôt qu'il ne la réfléchit ; il l'aime d'une passion tout instinctive, à la façon de l'animal qui ne s'en distingue pas, qu'un souffle printanier rafraîchit, que la clarté du soleil exalte. Devant la mer, au pied de la falaise que bat le flot puissant, il n'éprouve pas d'abord un sentiment qui peu à peu se crée un corps d'images. Il ne choisit pas, il ne cherche pas la synthèse expressive, il ne sait pas ce qui distingue un tableau d'une étude. Son émotion est directe, immédiate, il veut fixer le phénomène, arrêter l'instant, projeter sa sensation même, à laquelle il est tout entier, dont il jouit naïvement, comme l'enfant regarde monter la bulle irisée née de son souffle. Dans le même après-midi, il commence plusieurs études ; il se plaît à noter les divers aspects d'un même spectacle que la lumière

incessamment métamorphose (*les Meules, — les Peu-
pliers, — la Cathédrale de Rouen*). A force de justesse
et de sincérité il arrive à la fantaisie (*la Gare Saint-
Lazare*), parfois même à la poésie. Il peint l'impal-
pable, l'atmosphère, ses fluidités, ses transparences ;
il a ses tendresses, des douceurs, des apaisements,
des harmonies tranquilles (*Brouillard, — les Glaçons,
— le Givre, — le Matin*). Pour rendre l'intensité de
la lumière, l'éclat des choses (*Antibes, — Champs de
Coquelicots*), son œil devient un prisme, analyse la
lumière, la résout en ses éléments. Il ne mélange
pas les couleurs sur la palette, il distingue ce qu'un
œil ordinaire confond, il rapproche sur la toile les
complémentaires, et les tons se recomposent dans
l'œil du spectateur en s'exaltant. Pour dire sa
sensation, pour la rendre sans l'atténuer, il parle
comme il peut : les hachures dont souvent il sabre
sa toile exigent une mise au point, suppriment
cette unité de matière, cette beauté de la pâte aux
dessous profonds dont les maîtres ont eu le
secret.

Degas se rattache à l'école impressionniste par
son goût du caractéristique, par son effort pour
surprendre dans la forme humaine le geste instantané,
le mouvement soudain, pour noter la sensation
juste, immédiate, que d'autres ont cherchée surtout

dans le paysage. Mais Degas n'est pas un instinctif, qui se livre aux choses. Nulle intelligence n'est plus lucide. Son observation est patiente, elle a quelque chose d'aigu, d'ironique et d'amer. Il discerne avec une singulière finesse les déformations que le métier donne au corps, le mouvement d'épaule de la blanchisseuse, les attitudes des jockeys désossés, les grâces apprises des danseuses au geste machinal. Il éprouve une sorte de plaisir à humilier la chair de la femme dans les études où il la surprend à sa toilette intime, notant ses lourdeurs, ses maladresses, ses mouvements de bête avec une indiscrétion cruelle. Comme il insiste sur l'idée, il est capable d'une exécution soutenue qui parfois le rattache à la tradition des maîtres qui savent ce qu'ils veulent et vont jusqu'au bout de leur vouloir et de leur pensée.

III

Les plaisanteries, les airs de supériorité, les dédains affectés ne prouvent rien : un jugement fondé est plus décisif qu'une injure. Les impressionnistes ont été curieux de sensations nouvelles ; ils en ont cherché d'éclatantes, de délicates, d'inattendues ; ils ont noté des jeux de lumière, des nuances, des reflets que l'on n'avait point discernés avant eux. Il y a quelque naïveté à les prendre pour des barbares, ils sont des raffinés de la vision. Ils veulent enrichir l'œil de perceptions nouvelles pour varier et renouveler ses plaisirs. Mais quelques-uns pensent que ce prétendu progrès est un recul réel. Par haine de l'artifice ne renions pas ce qui est l'art même.

Les impressionnistes s'attachent à la sensation pour elle-même ; ils dédaignent le modelé, la forme, la composition ; ils prennent la poésie pour une timidité, le choix pour un appauvrissement, la beauté pour une irrévérence envers la nature ; ils préfèrent l'intensité à l'harmonie ; en tout ils sacrifient l'esprit, ils se défient de ce qu'il ajoute à l'apparence ou de ce qu'il en supprime. Ils se soumettent aux choses, ils veulent être dominés par elles, les reproduire sans les interpréter. Le grand artiste est celui qui, sans même le soupçonner, ajoute à la nature son humanité. L'art n'est pas l'humiliation, l'asservissement de l'esprit, il est sa libération ; il s'abaisse, quand il se réduit à la sensation et à ses accords, à la pure jouissance. L'art est l'intime pénétration de la sensation et du sentiment, de l'idée et de l'image, il ne les laisse plus distinguer ; il donne à la pensée le charme sensible, à la forme sensible la grâce spirituelle de

l'émotion qui l'a créée pour s'y exprimer : *la pittura,*
dit Léonard de Vinci, *è cosa mentale.*

Les impressionnistes gardent le mérite d'être des
peintres, ce que ne sont que de nom beaucoup de
leurs adversaires : ils ont regardé la nature avec
amour, avec curiosité, d'un œil nouveau ; ils ont
ajouté des nuances à notre vision des choses, ils
nous ont appris à la mieux voir ; en enrichissant,
en renouvelant le langage pittoresque, ils auront
préparé peut-être des chefs-d'œuvre qui auraient été
impossibles sans eux.

GABRIEL SÉAILLES.

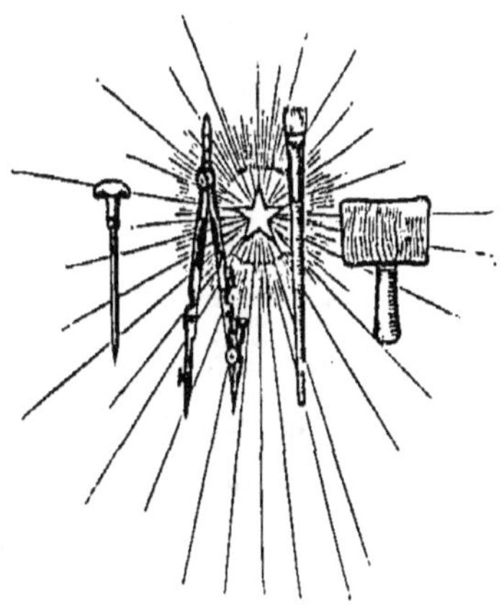

LES SNOBS [1]

L E mot de snob est très employé depuis quelques années, — et par les snobs eux-mêmes,
comme tous les mots à la mode. Je le prendrai avec
votre permission, au sens très élargi où il plaît aux
Parisiens de l'entendre et dont s'étonnerait peut-être
l'auteur de la *Foire aux vanités*.

Nous avons eu successivement les snobs du roman naturaliste et documentaire, les snobs de
l'écriture artiste, les snobs de la psychologie, les

1. Discours lu à la séance publique annuelle des cinq Académies.

snobs du pessimisme, les snobs de la poésie symboliste et mystique, les snobs de Tolstoï et de l'évangélisme russe, les snobs d'Ibsen et de l'individualisme norvégien ; les snobs de Botticelli, de saint François d'Assise et de l'esthétisme anglais; les snobs de Nietzsche et les snobs du « culte du moi »; les snobs de l'intellectualisme, de l'occultisme et du satanisme, sans préjudice des snobs de la musique et de la peinture, et des snobs du socialisme, et des snobs de la toilette, du sport, du monde, de l'aristocratie, — lesquels sont souvent les mêmes que les snobs littéraires, car les snobismes s'attirent invinciblement entre eux et se peuvent donc cumuler. Mais je ne vous parlerai ici que du snobisme en littérature, et je ne sais pas bien, en vérité, si ce sera pour en faire la satire ou l'apologie.

Qu'est-ce donc, en effet, que le snobisme ? C'est l'alliance d'une docilité d'esprit presque touchante et de la plus risible vanité. Le snob ne s'aperçoit pas que, d'être aveuglement pour l'art et la littérature de demain, cela est à la portée même des sots; qu'il est aussi peu original de suivre de parti pris toute nouveauté que de s'attacher de parti pris à toute tradition, et que l'un ne demande pas plus d'effort que l'autre ; car, comme le dit La Bruyère :

« deux choses contraires nous préviennent également, l'habitude et la nouveauté ». C'est par ce contraste entre sa banalité réelle et sa prétention à l'originalité que le snob prête à sourire. Le snob est un mouton de Panurge prétentieux, un mouton qui saute à la file, mais d'un air suffisant.

Or, cette docilité vaniteuse, cette fausse hardiesse d'esprits médiocres et vides, cette ardeur pour les nouveautés uniquement parce qu'elles sont des nouveautés ou que l'on croit qu'elles en sont, tout cela est très humain ; et c'est pourquoi, si le mot de snobisme est récent dans le sens où nous l'employons, la chose elle-même est de tous les temps.

Il y a eu les snobs de l'hôtel de Rambouillet, les snobs du précieux. Cathos et Madelon sont proprement des snobinettes et les aïeuls authentiques des dames bizarres qu'on voit dans les couloirs du Théâtre de l'Œuvre. « C'est là savoir le fin des choses, le grand fin, le fin du fin », est une phrase de snob et même d'esthète. Madelon fait cette dépense d'admiration à propos de l'impromptu de Mascarille ; elle le ferait aujourd'hui à propos de quelque poème symbolique en vers invertébrés et s'entendrait tout juste autant. Le snobisme littéraire des filles de Gorgibus se complique d'ailleurs du snobisme mondain et de celui de la toilette ou plutôt s'y confond ; car c'est du même esprit qu'elles jugent les vers de Mascarille et ses canons ou sa petite oie. Bref, elles sont complètes.

Une autre espèce de snob, c'est le marquis de la *Critique de l'École des Femmes :* snob d'Aristote, qu'il a découvert dans l'abbé d'Aubignac, et des trois unités : car les trois unités d'Aristote, qui ne sont pas dans Aristote, furent une nouveauté, une mode, « le dernier cri », avant d'être une vieillerie ; et le marquis les défend dans le même sentiment et avec la même compétence que les conspuera tel naïf gilet rouge de 1830.

Lorsque la jeune cour délaissa le vieux Corneille pour l'auteur d'*Andromaque* et de *Bajazet,* il y eut, n'en doutez point, les snobs de Racine. Et il y eut, au siècle suivant, les snobs de la philosophie, ceux de l'anglomanie, ceux de la sensibilité et de l'amour de la nature, les snobs de Rousseau et de Bernardin de Saint-Pierre. Les bergeries de Trianon furent les jeux du snobisme charmant d'une reine. Les snobs de l'optimisme firent la Terreur. Si je nomme encore les snobs du romantisme, et ceux du réalisme, et ceux du positivisme, nous aurons rejoint les snobs des vingt dernières années, que j'énumérais en commençant. Ainsi le snobisme, parallèlement à la

série des écrivains novateurs, forme tout le long
de notre histoire littéraire une chaîne ininter-
rompue.

Qu'est-ce à dire ? C'est que les snobs jouent un
rôle aveugle, mais parfois efficace dans le développement de la littérature. Ils se trompent sans doute
dans l'opinion qu'ils ont d'eux-mêmes et dans les
raisons qu'ils se donnent de leurs préférences, mais
non toujours dans ces préférences mêmes. Comme
ils courent indifféremment à tout ce qui affecte un
air d'originalité, ils s'attachent le plus souvent à
des modes ridicules et qui passent ; mais il est iné-
vitable qu'ils s'attachent aussi quelquefois à des
nouveautés qui demeurent : et leur concours, alors,
n'est point négligeable. Ils ne sauraient soutenir longtemps le faux et le fragile et qui n'a pas en soi de
quoi durer : mais leur zèle, quoique ignorant, peut
hâter le triomphe de ce qui est appelé à vivre.
Leurs erreurs ne sont jamais de longue conséquence,
mais le bruit qu'ils font peut servir quand, d'aventure, ils ne se sont pas trompés. Ils ont donc, à
l'occurence, leur utilité sociale. Il faut, à cause de
cela, les traiter doucement et, sinon les honorer,
du moins les absoudre.

Mais, au fait, pourquoi ne pas les honorer ? Je
crois vraiment que quelques-uns des événements les

plus heureux de notre littérature, et par exemple l'épuration et l'affinement de la langue dans la première moitié du dix-septième siècle, l'entrée des sciences politiques et naturelles dans le domaine littéraire au dix-huitième, le mouvement sentimental et naturiste provoqué par Jean-Jacques, et l'évolution romantique suivie de l'évolution réaliste qu'a suivie la réaction idéaliste, un peu trouble, à laquelle nous assistons, ne se seraient point accomplis aussi vite sans les snobs. Puisque forcément, les esprits médiocres sont toujours en majorité, il faut bien que ce soient des esprits médiocres, mais inquiets et préoccupés de nouveauté, qui assurent la victoire des innovations viables. Ce qu'on appelle les bons esprits, c'est-à-dire, ceux qui sont à la fois dociles et modestes, seraient plutôt capables de retarder cette victoire.

Les bons esprits se méfient ; ils sont tentés de croire que « tout a été dit depuis qu'il y a des hommes et qui pensent ». Ils ont la manie de reconnaître des choses très anciennes dans ce qu'on leur présente comme nouveau. Pour eux, Ibsen et Tolstoï sont déjà dans George Sand ; tout le romantisme est déjà dans Corneille ; tout le réalisme dans *Gil Blas ;* tout le sentiment de la nature dans les poètes de la Renaissance et, par delà, dans les

poètes anciens ; tout le théâtre dans l'*Orestie,* et
tout le roman dans l'*Odyssée.* Ils disent à chaque
invention prétendue : « A quoi bon ? nous avions
cela ». Les snobs plus crédules, se trouvent parfois
être plus clairvoyants, sans bien savoir pourquoi.
Presque tous les snobismes que je vous ai
énumérés furent les auxiliaires agités et ahuris
d'entreprises finalement intéressantes. Une histoire
du snobisme se rencontrerait sur bien des points
avec l'histoire des évolutions de la littérature et
de l'art.

Il y a plus. J'ai dit que ce qui distingue les snobs
des autres esprits soumis et dépourvus d'originalité,
c'est qu'ils ont la docilité vaniteuse et bruyante.
Hélas ! cela les en distingue-t-il en effet ? On peut
mettre de la vanité et de la suffisance, même dans
la soumission au passé, même dans le culte de la
tradition, même dans la routine. On est tout aussi
fier de défendre l'immobilité que de pousser au progrès, et l'on s'en fait pareillement accroire dans l'un
et dans l'autre cas. En somme, tradition ou progrès,
l'une ne s'établit et l'autre ne se détermine que par
la docilité et la crédulité des esprits subalternes, et
par la suggestion qu'exercent sur eux quelques esprits
supérieurs autour desquels se rangent, en deux
camps, les snobs de la nouveauté et les snobs de

l'habitude, diversement, mais également dociles, et satisfaits de l'être.

Cela est fort bon. On s'en aperçoit quand on essaye d'être sincère avec soi-même et de juger vraiment par soi. On découvre que quelques-unes de nos plus grandes admirations nous ont été imposées ; que ce qui nous fait le plus de plaisir ou le plus de bien, ce ne sont pas toujours les œuvres reconnues et consacrées, mais tel livre moins célèbre, qui nous parle de plus près et pénètre en nous plus avant..... Or, si chacun faisait ainsi, quel désordre ! quelle anarchie ! Il n'y aurait pas d'histoire littéraire possible, ni même concevable, si la multitude n'en croyait quelques-uns sur parole.

Enfin, cette suggestion que les conducteurs des esprits et, si vous voulez, les critiques dignes de ce nom exercent sur le vulgaire, ils l'exercent souvent aussi sur eux-mêmes. Oui il y a dans la critique une grande part d'autosuggestion et, je dirai presque, d'autosnobisme. L'homme est ainsi fait qu'il tire vanité de ses admirations : il se pique d'admirer pour des raisons qui lui appartiennent, et il s'admire alors lui-même d'admirer avec tant d'originalité. Par là, le critique même le plus loyal est conduit à s'exagérer ce qu'il sent de beauté dans

un écrivain, et presque à l'inventer. Dogmatiste ou
impressionniste il a volontiers des jugements qui
ressemblent à des défis, et dont il se sait d'autant
plus de gré. Nisard en a aussi bien que Taine, pour
ne nommer que des morts. Tout critique est, plus
ou moins, sa propre dupe, la dupe de ses théories
et de ses idées générales, qui faussent à son insu
ses jugements particuliers. Tout critique affecte de
voir à certains moments et finit par voir dans un
ouvrage ce que les autres n'y voient pas, et pourrait
dire comme Philaminte :

> Je ne sais pas, pour moi, si chacun me ressemble,
> Mais j'entends là-dessous un million de mots.

Ainsi les snobs du commun ont pour guides des
façons de snobs inventifs et supérieurs ; et, au point
où nous sommes parvenus, le snobisme ne nous
apparaît plus que comme un des noms particuliers
de l'universelle illusion par laquelle l'humanité dure
et semble même marcher.

Voilà les snobs vengés, j'imagine. Ils pullulent à
l'heure qu'il est, et c'est plutôt bon signe, si cela
veut dire que rarement autant de gens se sont
intéressés à l'art et à la littérature. La floraison du

snobisme prouve, non pas la santé mais l'abondance et comme l'intensité de la production littéraire. Et c'est pourquoi, Messieurs, je vous ai parlé des snobs avec aménité.

JULES LEMAITRE,
de l'Académie française.

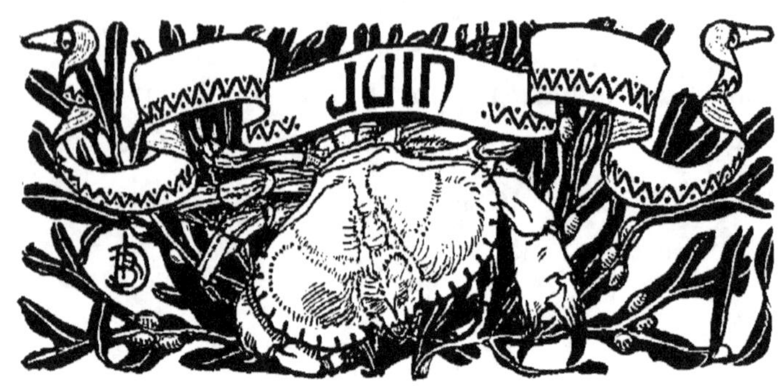

LES SOCIÉTÉS DE BIBLIOPHILES

VOUS avez un livre exceptionnel, rarissime, longtemps convoité, contre lequel vous avez dû
troquer ferme, maison, voire même château. Le jour
où cette heureuse pièce entre dans votre bibliothèque,
vous éprouvez une satisfaction suprême. Cette jouissance n'a d'égale, peut-être, que celle ressentie par
celui qui s'en est dessaisi en votre faveur, à gros
deniers comptants. Le contraire est parfois possible,
si c'est un confrère en bibliophilie qui vous a cédé
l'oiseau rare, mais c'est chose bien rare. Hélas ! les
grandes joies durent peu, il vous faut pour les faire

renaître, exciter l'envie d'un maniaque moins heureux dans ses recherches ou, tout simplement, moins fortuné, puis celle d'un second, d'un troisième.

A ce jeu, les relations s'épuisent rapidement. Vous vous en créez un fond presque inépuisable en décidant de vous affilier à une Société de Bibliophiles, sorte de Société d'envie mutuelle car, étrange retour des choses d'ici-bas, votre tour viendra à son heure, plus tard il vous faudra, vous aussi, admirer, c'est-à-dire envier un collègue, à moins que vous ne trouviez plus simple et plus pratique de déprécier les raretés qu'il vous aura complaisamment soumises.

Mais les Sociétés de Bibliophiles ne limitent pas leur action à ces réciproques dénigrements ou congratulations ; leur but est plus élevé. Les unes créent en quelque sorte : elles emploient les ressources sociales à l'élaboration de beaux et bons livres réservés jalousement à leurs membres ; elles excitent l'émulation des éditeurs-libraires, leur inspirent des innovations quelquefois heureuses et préparent une bonne et sérieuse clientèle aux ouvrages vraiment dignes de l'épithète si banalement prodiguée de « beaux livres ». Aussi, si elles ont beaucoup péché, il leur sera beaucoup pardonné.

Se piquant d'érudition, d'autres sociétés ressuscitent les anciens textes, reproduisent les exemplaires anciens dont il n'est parvenu jusqu'à nous qu'un exemplaire ou quelques rares copies. Elles éditent elles-mêmes ou subventionnent des ouvrages de bibliographie, souvent très importants, reproduisent en fac-simile les reliques des premiers temps de la Xylographie et de la Typographie, etc.

Les Sociétés de Bibliophiles se divisent en effet en deux catégories bien tranchées : celles qui éditent le livre de luxe et celles qui portent leur activité sur les impressions ayant un intérêt bibliographique ou sur la réédition des publications anciennes.

A Paris, nous ne voyons qu'une de nos Sociétés qui se soit donnée cette dernière tâche, c'est la Société des *Bibliophiles François* dont la fondation remonte au 20 janvier 1820. Elle compte 24 membres titulaires et 5 membres associés-adjoints étrangers. Elle était présidée par M. Guyot de Villeneuve, qui vient de mourir. Les exemplaires, tirés pour ses membres, portent imprimés les noms des titulaires.

Nos autres sociétés parisiennes ont toutes pour but l'édition de luxe, illustrée. La première par rang d'ancienneté est celle des *Amis des Livres*, présidée par M. Paillet, dont le premier ouvrage publié à 115 exemplaires a paru en 1876. Sur ces 115 exemplaires, 50 sont destinés aux membres effectifs et 25 aux membres correspondants.

A la Société des *Bibliophiles Contemporains,* fondée par M. Octave Uzanne et qui a laissé de brillantes traces de son passage, a succédé la Société des *Cent Bibliophiles,* dirigée par M. Piat au début, et présidée actuellement par M. Rodrigues. Comme son titre l'indique, cette Société compte cent membres, mais, par suite d'un concours particulier de circonstances, son premier ouvrage ne paraîtra probablement qu'en même temps que cet almanach.

De fondation encore plus récente, *Les XX,* présidés par l'auteur de ce présent article, se sont proposé un but plus modeste. Ils n'éditent pas, et bornent leur ambition à faire un choix parmi les nouveautés littéraires ou artistiques et à en faire tirer un exemplaire pour chacun de leurs membres, sur un papier différent de ceux mis dans le commerce, ou sur un velin filigrané à leur chiffre.

Nous avons encore un autre groupement de Bibliophiles à citer : celui des *Bibliophiles Indépendants,* mais il est essentiellement mobile et a pour chef, ou plutôt pour éditeur, M. Octave Uzanne. Notre excellent confrère voulant se livrer, en toute liberté, à son inspiration, nous donne, une ou deux fois dans l'année, un beau livre immédiatement enlevé par une cohorte de fidèles souscripteurs, qui constituent la Société bien nommée des *Bibliophiles Indépendants.*

Les Sociétés bibliophiliques sont nombreuses en province, mais la plupart se préoccupent plus particulièrement des traditions ou de l'histoire locale et se rattachent surtout aux associations archéologiques.

Cependant à Lyon, il existait une Société des *Amis des Livres* présidée par le regretté M. Rubatel, qui a édité quelques beaux livres et plaquettes. Mais nous croyons que la disparition de son président l'a complètement désorganisée. Lyon possède une autre Société dite des *Bibliophiles Lyonnais*, présidée par M. Morin Pons et qui fait preuve d'une grande vitalité. Ses publications sont intéressantes par leur forme châtiée et correcte, mais elles ont trait spécialement à la région du Lyonnais, du Forez et du Dauphiné.

La capitale de la Normandie se distingue également par son activité bibliophilique. Rouen, en effet, ne compte pas moins de quatre groupements d'amis des livres. Leur doyen a pour titre : Société des *Bibliophiles Normands*. Son existence remonte à 1863 ; il compte cinquante membres et est présidé par M. Ch. de Beaurepaire. Il s'occupe exclusivement de réimpressions de pièces normandes.

Après lui, vient la *Société de l'Histoire de Normandie*, établie en 1869 et qui publie des documents historiques manuscrits et inédits où déjà imprimés mais devenus rares. Elle a également pour président M. Ch. de Beaurepaire. La *Société Rouennaise de Bibliophiles*, établie en 1871 et dirigée par M. J. Félix, exerce son activité dans la même direction que les *Bibliophiles Normands* ; elle compte sur ses listes soixante-quinze membres.

La quatrième Société, plus normande que rouennaise, la *Société Normande du Livre illustré*, a pour chef de file M. de la Germonière. Elle édite des livres de luxe modernes, mais restreint ses publications aux auteurs normands ; ses tirages sont faits à 85 exemplaires dont 50 mis dans le commerce.

La Bretagne possède une importante association bibliophilique dite *Société des Bibliophiles Bretons*, fondée en 1877. Ses publications, toutes relatives à la Bretagne, ont été tirées au début à 300 exemplaires dont 150 pour les membres de la Société, puis en dernier lieu à 400 réservées exclusivement aux mêmes membres. Cette différence de tirage permet de constater le développement remarquable de cette Société, dirigée par M. Le Meignan.

Il existait à Bordeaux une Société de *Bibliophiles de Guyenne*, mais elle n'a rien donné, croyons-nous, depuis 1892.

A Montpellier, une Société de trente-cinq Biblio-

philes fait paraître de temps à autre quelques publications d'intérêt local, dont une partie est mise
dans le commerce.

Nous terminerons là cet exposé, à peu près complet quoique tant soit peu écourté, de l'État-Major
bibliophilique en France. Nous en avons, nous le
répétons, écarté à dessein les groupements pour
lesquels la préoccupation de la forme matérielle du
Livre tient une place secondaire. Il suffira, cependant, pour prouver que les amoureux du Livre, les
Book Lovers, comme disent nos voisins d'Outre-
Manche, ne sont pas prêts de lui faire défaut, et
qu'il compte encore chez nous de bien nombreux
et fervents adorateurs.

Pierre DAUZE.

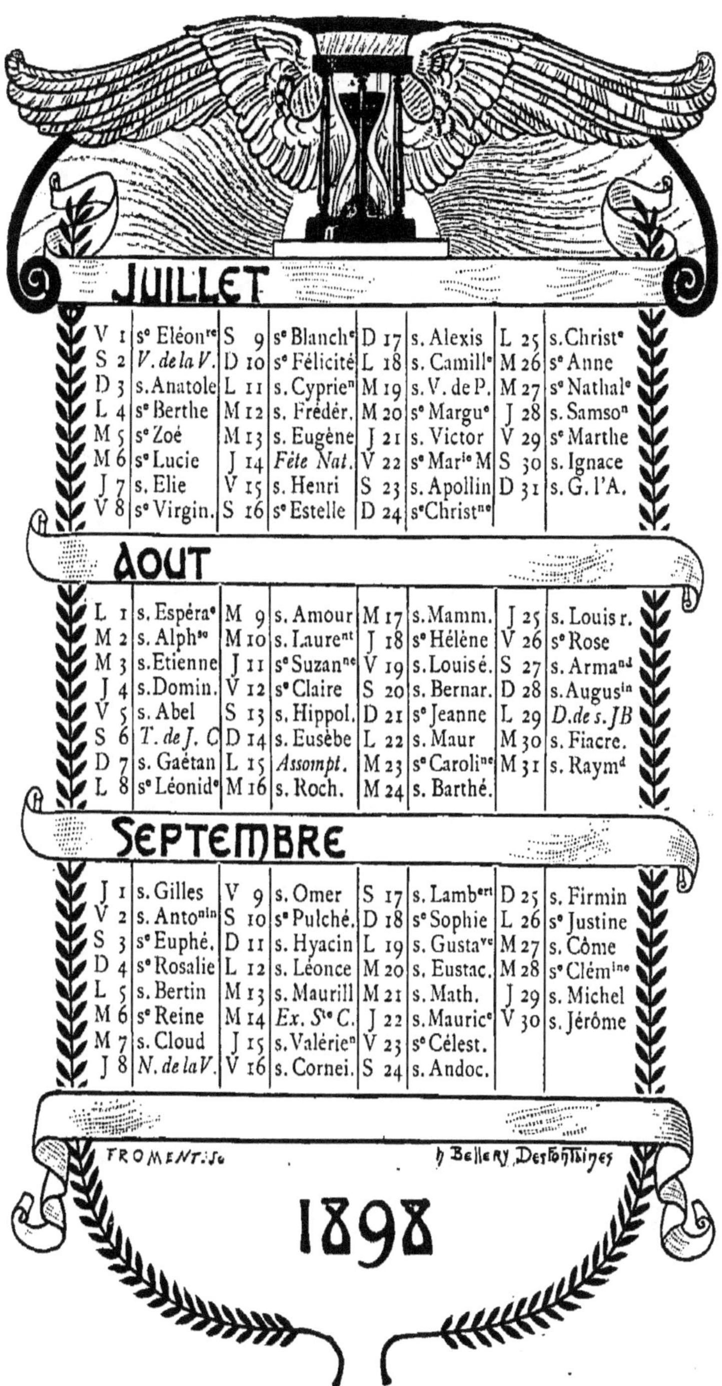

JUILLET

V 1 | s° Eléon°° | S 9 | s° Blanch° | D 17 | s. Alexis | L 25 | s. Christ°
S 2 | V. de la V. | D 10 | s° Félicité | L 18 | s. Camill° | M 26 | s° Anne
D 3 | s. Anatole | L 11 | s. Cyprie° | M 19 | s. V. de P. | M 27 | s° Nathal°
L 4 | s° Berthe | M 12 | s. Frédèr. | M 20 | s° Margu° | J 28 | s. Samso°
M 5 | s° Zoé | M 13 | s. Eugène | J 21 | s. Victor | V 29 | s° Marthe
M 6 | s° Lucie | J 14 | Fête Nat. | V 22 | s° Mar°° M | S 30 | s. Ignace
J 7 | s. Elie | V 15 | s. Henri | S 23 | s. Apollin | D 31 | s. G. l'A.
V 8 | s° Virgin. | S 16 | s° Estelle | D 24 | s°Christ°°

AOUT

L 1 | s. Espéra° | M 9 | s. Amour | M 17 | s. Mamm. | J 25 | s. Louis r.
M 2 | s. Alph°° | M 10 | s. Laure°° | J 18 | s° Hélène | V 26 | s° Rose
M 3 | s. Etienne | J 11 | s° Suzan°° | V 19 | s. Louis é. | S 27 | s. Arma°°
J 4 | s. Domin. | V 12 | s° Claire | S 20 | s. Bernar. | D 28 | s. Augus°°
V 5 | s. Abel | S 13 | s. Hippol. | D 21 | s° Jeanne | L 29 | D. de s. JB
S 6 | T. de J. C | D 14 | s. Eusèbe | L 22 | s. Maur | M 30 | s. Fiacre.
D 7 | s. Gaétan | L 15 | Assompt. | M 23 | s° Caroli°° | M 31 | s. Raym°
L 8 | s° Léonid° | M 16 | s. Roch. | M 24 | s. Barthé.

SEPTEMBRE

J 1 | s. Gilles | V 9 | s. Omer | S 17 | s. Lamb°°° | D 25 | s. Firmin
V 2 | s. Anto°°° | S 10 | s° Pulché. | D 18 | s° Sophie | L 26 | s° Justine
S 3 | s° Euphé. | D 11 | s. Hyacin | L 19 | s. Gusta°° | M 27 | s. Côme
D 4 | s° Rosalie | L 12 | s. Léonce | M 20 | s. Eustac. | M 28 | s° Clém°°°
L 5 | s. Bertin | M 13 | s. Maurill | M 21 | s. Math. | J 29 | s. Michel
M 6 | s° Reine | M 14 | Ex. S°° C. | J 22 | s. Mauric° | V 30 | s. Jérôme
M 7 | s. Cloud | J 15 | s. Valérie° | V 23 | s° Célest.
J 8 | N. de la V. | V 16 | s. Cornei. | S 24 | s. Andoc.

FROMENT. Sc

h BELLERY Desfontaines

1898

VUES GÉNÉRALES

SUR LE

MOUVEMENT POÉTIQUE EN FRANCE

Jusqu'aux premières années de ce siècle, il a existé une classification consacrée des poèmes. Il y avait le poème épique, le poème héroï-comique, le poème didactique, l'élégie, l'épître, la satire, la tragédie, la comédie, le conte, la fable, etc..., en un mot autant de moules poétiques divers que d'esprits diversement aptes à les remplir. Cette division, aujourd'hui surannée, n'était donc pas artificielle. L'aptitude à versifier est donc compatible avec tous

les tempéraments, et, en outre, un même poète peut
varier d'humeur. (Racine, par exemple, dans *Athalie*
et *les Plaideurs,* Corneille, dans *le Cid* et *le Men-
teur*); il est donc naturel qu'il y ait autant de types
de poèmes que de sortes d'inspirations. Aussi ces
types se sont-ils distingués spontanément, avant que
la critique réfléchie les eût définis et qu'une discipline pédantesque les eût séparés avec jalousie.

S'il en est ainsi, aucun changement décisif ne
s'y pouvait produire sans accuser quelque altération
correspondante du caractère national. Or, aujour-
d'hui, tout sujet n'est pas reconnu poétisé par la
seule investiture du vers, et il ne suffit plus de
versifier pour se constituer poète. On ne l'est plus
qu'à la condition de s'interdire certains sujets. Un
poème sur le jeu des échecs, voire sur la plus haute
métaphysique, est d'avance condamné.

Je suis loin de m'en plaindre, mais ne semble-t-il
pas qu'un thème, ou du moins un idéal unique ou
peu s'en faut, tende à remplacer tous ceux qu'ad-
mettaient les classiques, nos maîtres ? Cette substitution m'inquiète ; elle mériterait un examen appro-
fondi pour faire le juste départ entre ce qu'il convient d'en retenir et ce qu'il importe d'en répudier,
et une analyse consciencieuse pour en interpréter
la signification morale. Je ne peux ici que noter

ce phénomène littéraire et le caractériser brièvement.

*
* *

Le langage des vers est le plus musical que puisse affecter la parole non chantée ; or, la musique excelle à favoriser l'inspiration. On pouvait donc prévoir que, tôt ou tard, par le seul raffinement progressif de l'art, ou sous l'influence de quelque perturbation nationale, ou par ces deux choses conjuguées, le désaccord se ferait sentir entre la noblesse propre au verbe poétique et la vulgarité de ce qu'on l'obligeait trop souvent à exprimer. Ce désaccord est, en effet, devenu sensible, en France, après les guerres du Premier Empire où l'héroïsme enthousiaste avait comme halluciné les âmes jusqu'à la suprême défaite, qui les rendit à elles-mêmes. Lamartine est apparu au moment précis où sa lyre, gravement mélodieuse, se trouvait être le plus fidèle écho des soupirs d'un peuple aspirant aux sommets du rêve, d'où l'avaient exilé les batailles. C'étaient des soupirs de deuil mêlés à des soupirs de délivrance. D'autre part, le vieux levain d'esprit gaulois avait survécu à toutes les épreuves nationales, dissimulé d'abord sous la rudesse et l'emphase révolutionnaires, puis, sous la pompe classique et sous la sobriété militaire. La paix lui fut propice : il se raviva comme en témoigne l'immense popularité de Béranger, qui sembla restituer à la France sa jovialité traditionnelle; mais, à y regarder de près, le célèbre chansonnier dut moins sa vogue à un allègre essor des cœurs qu'à une détente générale des nerfs; il la dut, pour beaucoup, à son opposition politique. Son style châtié, d'une pureté laborieuse, contrastait avec son inspiration moins noble, bien que saine encore. Elle était vraiment, en général, trop banale, trop superficielle pour représenter le fond renouvelé de l'âme française. Ce fond ne fut remué et révélé que par la tempête littéraire de 1830.

Pas plus que Lamartine, Hugo ne sait rire. Gautier compose *la Comédie de la Mort*. Musset ne fait guère étinceler que ses larmes à travers son masque d'élégant frondeur. Baudelaire est sinistre. Leconte de Lisle, dans ses poèmes sévères, dédaigne même le sourire. Combien d'autres, leurs contemporains, attesteraient la même tendance, si je ne devais borner mes citations! Seul, Banville a ragaillardi la veine française par sa belle humeur faite de verve et de grâce athéniennes. Où sont ses élèves ?

A mesure que nous nous rapprochons du temps présent, la gaîté de nos pères se dénature et s'éteint. Aujourd'hui, ce que nous appelons gaîté n'est-ce pas une excitation fiévreuse qui trop souvent se traduit

par une moquerie sarcastique, une raillerie acérée ?
Dans les classes cultivées, la naïve expansion de la
joie en francs éclats se fait de plus en plus rare, le
timbre du rire y est grêle et sec. Il y a beau temps
qu'on ne chante plus au dessert ! La plupart des
jeunes gens d'à présent, surtout les plus récents
poètes, me semblent tristes par hérédité. La tristesse
est chez eux une prédisposition native qui s'exerce
sur n'importe quoi ; c'est un legs des vaincus à leurs
descendants ; mais elle a perdu sa grandeur.

*
* *

On aperçoit tout de suite une cause générale au
discrédit où est tombée l'ancienne classification des
poèmes. Elle a été de plus en plus abrogée par le
progrès de la tristesse endémique, tapie au fond du
rire même et que nous voyons se concentrer dans
une portion envahissante de la jeunesse qui fournit
les poètes.

Plus s'est aiguisée, exaspérée la double sensibilité nerveuse et morale, plus l'inspiration poétique a été contestée aux vers qui ne procurent
qu'une jouissance d'origine intellectuelle, aux vers
dont l'harmonie est au service de la pensée, et n'a
d'autre objet que de rendre la formule du vrai le
plus possible robuste et mnémonique. Décrire des

formes étrangères à la beauté physique, inutiles
à la volupté, n'intéressant que la lutte de l'homme
avec l'inconnu, et sa domination des forces visibles
ou invisibles qui l'entourent ; demander l'émotion
aux aventures de l'intelligence comme à celles de
l'amour ; admirer le puissant génie des arts méca-
niques, leurs prodiges qui arrachent de plus en plus
l'âme à la servitude matérielle, à la tyrannie de la
pesanteur, les célébrer de pair avec les merveilles
des beaux-arts qui caressent les sens pour enchanter
l'âme, tout cela ce n'est plus faire œuvre de poète,
c'est, du moins, risquer fort d'en perdre le brevet.
Je doute même que nos plus récentes écoles de poésie tolèrent, chez leurs adeptes, l'usage moins ambi-
tieux, mais si fin, si français de l'intelligence, qu'on
nomme l'esprit, et qui, Dieu merci, n'est pas mort,
mais triomphe au contraire, dans la presse et au
théâtre. Cette aptitude à saisir des disconvenances
inattendues, des dérogations singulières au rapport
habituel des choses leur est pourtant, au plus haut
degré, commune avec les autres écrivains, mais ils
réussissent à la dépraver. Ils ne l'exploitent que
contre elle-même, pour étonner sans amuser, et ils
la méprisent quand elle fonctionne normalement en
provoquant le rire. Ils permettent aux vers de mys-
tifier, non d'égayer.

Là ne se bornent pas les excès de l'influence que j'ai signalée. Tous les poèmes, élevés ou spirituels, sévères ou gais, dont le sujet comporte un développement quelque peu étendu, sont, en outre, menacés par voie indirecte. Une tristesse, en effet, impropre et hostile à l'action, s'est engendrée qui diminue l'énergie et abat l'essor. Aussi l'haleine est-elle devenue courte chez les derniers venus : ils n'entreprennent pas de vastes créations. « On ne lit plus les poèmes en douze chants », disent-ils. A qui la faute? Je reconnais que le grand public, absorbé par les intérêts matériels et déshabitué des longues lectures par la littérature quotidienne, se refuse aux grands ouvrages. Mais les poètes ont leur public spécial, le seul qui leur importe, et celui-là, composé de tous les poètes par le cœur et par le goût, sinon par l'aptitude à rimer, durera aussi longtemps et plus peut-être que le groupe des professionnels, dont beaucoup déjà ne riment plus; ce public choisi, demeure incorruptible et fidèle. Ces lecteurs délicats ont toujours accueilli les poèmes sans parti pris contre leur étendue. Je ne leur fais pas l'injure de croire qu'ils ne font cas que des brèves compositions. Ce qui manque à nos jeunes poètes, ce n'est ni la matière, ni la clientèle, je crains que ce ne soit plutôt le souffle. Ils se contentent de fixer dans leurs vers des impressions fugitives, dont la bizarrerie rachète insuffisamment l'exiguïté. La plupart ne nous entretiennent que d'eux-mêmes.

*
* *

Remarquons ici que la poésie personnelle était désignée pour supplanter tout d'abord les divers genres en poésies. On se l'explique aisément. Il n'y a pas de production littéraire, à plus forte raison d'ouvrage poétique où l'auteur n'imprime à quelque degré sa manière propre de penser et de sentir, en un mot son tempérament moral. Le poème didactique, où il se borne à exposer des idées qui ne sont pas nécessairement les siennes, est le genre où perce le moins sa personnalité. Elle s'accuse, au contraire, le plus dans les vers où il nous entretient de ses joies et de ses douleurs, et des événements de sa vie qui les ont fait naître. Entre ces deux termes extrêmes le poète peut se mêler au sujet qu'il traite dans une infinité de proportions différentes. Par exemple, il peut rendre personnel, dans une certaine mesure, un poème qui a pour sujet soit l'action d'autrui, s'il ne s'abstient pas de la juger et la juge à son point de vue, soit le sentiment d'autrui en le réfléchissant dans son propre cœur.

Le poète possède éminemment la faculté d'épouser

toutes les émotions pour s'en faire l'écho. Exercer cette faculté, lui est si essentiel que s'il n'en rencontre pas autour de lui d'assez dignes occasions, il les emprunte à l'histoire ou il les imagine plutôt que de s'en passer ; mais quand la réalité présente les lui fournit, rien ne saurait lui être plus favorable ; il s'en empare aussitôt et fait vibrer son cœur à l'unisson des grandes secousses de son milieu social. Alors les sujets artificiels, qui le plus souvent défrayent les poèmes classés, abdiquent devant les sujets vivants. Ceux-ci, beaucoup plus saisissants, font reculer tous les autres au second plan. Quand ils ont un caractère général répondant à de vastes courants d'idées et de sentiments nouveaux, il peut arriver que l'âme d'un peuple s'identifie à celle du poète qui la sent frémir en soi. Sa personnalité consiste alors dans son aptitude même à s'approprier, pour les rendre avec le timbre et l'accent individuels, les soupirs, les appels, les cris de la conscience nationale, et même de la conscience humaine dont celle-ci participe. C'est bien aussi le poète qui les pousse, car il éprouve pour son propre compte les espoirs, les regrets, les élans de confiance ou de révolte de ses compatriotes, qu'il s'agisse de politique, de religion ou de tout autre intérêt moral, d'ordre positif ou transcendant.

Ces conditions accidentelles ne se présentent guère qu'une ou deux fois par siècle ; le poète qui les rencontre et n'y est point inférieur fait de la poésie personnelle susceptible d'être en même temps populaire, car ses intérêts propres, les plus hauts à ses yeux, ne se distinguent pas de ceux de la patrie et de l'humanité. Il y a conjonction, fusion de la poésie personnelle et de la poésie la plus élevée. Le genre (si c'en est un) qui tend à effacer et décréditer les autres est désormais créé. Les poètes sont avertis qu'on peut gagner la faveur publique par autre chose que des inventions ingénieuses et purement imaginaires ; qu'on peut puiser en soi, dans la vie de son propre cœur de quoi remuer les autres cœurs, les attendrir ou les agiter. Mais, à mesure que s'apaise et se régularise le grand mouvement initial, on oublie peu à peu que pour y réussir il ne faut pas cesser de communier avec eux, il ne faut pas se retirer en soi-même, s'y cantonner et séparer ainsi sa propre émotion de celle d'autrui. En France, depuis que l'ère poétique de 1830 a été définitivement close par le Parnasse contemporain, recueil de morceaux disparates dont la facture est très diverse mais également scrupuleuse, la scission s'est déclarée nettement et accentuée, dans la poésie personnelle, entre ces deux facteurs. Aujourd'hui le lecteur ne reconnaît plus rien de lui-même ni, trop souvent, rien d'humain dans les affections morales de certains poètes. Il y sent plutôt un défi à la nature; ce sont des cas de tératologie psychique inutiles même à la science, parce que la sincérité du monstre est suspecte. Je me hâte d'ajouter que ces cas étranges signalent le péril qui menace chez nous la poésie personnelle, mais ne représentent heureusement pas une perversion accomplie, irrémédiable du genre.

*
* *

Une forme a persisté qui ne pouvait pas périr, car elle est admirablement assortie à la secrète horreur des compositions étendues, c'est le sonnet.

Le sonnet présente le rare avantage de s'adapter à toute espèce de sujet simple. Il n'est donné qu'aux maîtres d'en sentir les intimes conditions qui sont les plus laborieuses à remplir, mais il demeure difficile pour tous, ne fût-ce que par le choix des rimes redoublées. Il n'effraye pourtant pas les indolents; au contraire. A cet égard, la psychologie de sa confection est très curieuse. Ce travail exige, outre l'habileté, beaucoup de persévérance; mais, comme il n'engage pas l'activité mentale à long terme comme un grand poème, la persévérance peut prendre son temps et faciliter l'effort en le divisant par des relais; elle peut,

en un mot, le concilier avec la nonchalance. La lenteur des points ne compromet pas l'achèvement de
cette exquise tapisserie, et n'eût-on pas la patience
de l'achever, on n'aurait pas à sacrifier un commencement trop considérable; mais on la termine : tout
le canevas tient dans la main, et rien ne favorise
mieux la constance. De là vient qu'on n'a jamais
tant fabriqué de sonnets qu'aujourd'hui. Mais combien en faut-il pour valoir un long poème ? — « Un
seul ! » répondent nos jeunes confrères. Oh ! celuilà est rare. Nous savons tous où il se trouve, mais
ce n'est pas chez eux. Qu'ils l'accomplissent donc,
et je pardonnerai de bon cœur à cet ouvrage d'une
valeur sans mesure, l'étroite mesure de son cadre,
qui le rend complice de leur faible essor.

Il va de soi que les sonnettistes ne sont pas
enrôlés dans le parti de la révolution en poésie. Je
les en félicite et leur en sait beaucoup de gré ; je
voudrais leur fouetter le sang, les pousser aux
héroïques travaux de notre art, je voudrais régénérer
leur inspiration languissante. Nous avons besoin de
recrues pour lutter contre les entreprises des novateurs qui menacent l'intégrité, l'essence même de la
versification française.

La poésie traditionnelle, en effet, n'est pas seulement atteinte dans sa classification, ce qui ne serait pas un malheur ; elle est, en outre, attaquée d'une façon plus grave dans sa technique.

La distinction entre le vers et la prose est, en réalité, supprimée par les derniers novateurs. Ils sont en train d'inaugurer une troisième espèce de langage dont les spécimens ne m'ont pas encore révélé la définition. Je n'aperçois que trop clairement en quoi ce verbe nouveau diffère de la poétique en honneur jusqu'à présent, mais je n'ai pu découvrir ce qui le distingue d'une prose harmonieuse, et je persiste à penser que la plus harmonieuse des proses manque néanmoins des ressources fournies par la musique proprement dite au vers tel que je l'admire chez mes maîtres.

Quelques débutants très bien doués et même des poètes déjà formés, dont la vocation supérieure est indéniable, se sont fourvoyés, par une étrange aberration, dans cette aventure littéraire d'où ne pouvait sortir qu'une langue hybride dont les lois échappent à toute formule précise. Nous tendons la perche aux premiers avec l'espoir de les sauver. Quant aux seconds, c'est leur affaire, ils sont majeurs. Tout ce que nous pouvons espérer d'eux, c'est que les secrètes protestations de leur excellente oreille auront insensiblement raison·de leur apostasie, car les règles essentielles de la versification

sont des lois toutes physiologiques, des lois de la
nature qui s'imposent à la parole dans le progrès
séculaire de ses tentatives pour se rendre le plus
musicale possible au moyen du rythme définissable,
mais sans le secours de la gamme qui la transforme
en ce qu'on nomme le chant.

C'est précisément ce caractère physiologique des
lois fondamentales du vers, qui rassure et qui auto-
rise à espérer pour un avenir plus ou moins prochain le retour des révoltés de bonne foi à la discipline de notre art, au moins dans ce qu'elle a
d'étranger et de supérieur à la convention. Au
demeurant, cette révolte aura servi à nous faire
discerner ce qui, dans nos règles, n'est qu'habituel
et partant sujet à réforme. Il n'est pas impossible
que l'organisme humain évolue encore, que l'ouïe
se modifie chez les Français, mais on peut affirmer
sans crainte que, si elle change, ses altérations ne
se font point par à-coups, mais procèdent avec
une extrême lenteur, imperceptibles pendant des
siècles. Soyons donc assurés que la nature violen-
tée reprendra ses droits, comme la pesanteur, après
des oscillations, ramène le pendule à la verticale.

La défaillance, l'appauvrissement de l'inspiration
poétique pourrait inquiéter davantage. Il semble,
en effet, que l'horizon du rêve se rétrécisse, que

l'émotion perde en profondeur en même temps
que se rapetisse la pensée qui l'alimente ; il semble
qu'il y ait dans les sentiments je ne sais quoi de
morbide et d'affecté qui défie la sympathie, et dans
l'expression une recherche prétentieuse qui l'obscur-
cit à plaisir comme pour défier aussi l'intelligence.
Quand je lis certains ouvrages de la muse récente
(qui n'est pas sans modèle, à vrai dire, chez ses
aînées), je m'étonne de mon peu d'ouverture d'esprit
au sens et à la beauté qu'ils recèlent ; j'y suis totalement bouché, mais j'ai la fatuité de ne pas m'en
alarmer pour moi-même.

*
* *

La ruine des genres en poésie n'a nullement en-
traîné celle de la poésie même, tant s'en faut !
Cette ruine a plutôt opéré la sélection de ce qui
doit s'appeler proprement la poésie. C'est, en effet,
dans le creuset des grandes épreuves, comme je l'ai
rappelé, que la vraie poésie, au signal de Lamartine,
de Hugo et de leurs émules, s'est dégagée des éléments qu'elle ne reconnaît pas siens, des états
d'âme qui n'ont rien de commun avec elle et usur-
paient le langage rythmé, ou du moins le lui em-
pruntaient. Elle n'a certes pas la gaîté pour trait
distinctif, mais tous les modes de la tristesse ne

relèvent pas d'elle, et j'ai indiqué les altérations malignes ou vicieuses tendant à dépouiller la tristesse de ce qui l'ennoblit, à lui ôter le don des larmes et la profondeur, qui est la beauté du soupir. La tendance, d'abord salutaire, à prendre la destinée humaine au sérieux a dévié du côté qui ne mène pas à l'espérance et à la virilité.

On a blasphémé, on a ricané, on a enfourché le balai du sabbat, mais, d'autre part, de graves esprits demeuraient les incorruptibles dépositaires des ferments de la poésie généreuse. Je pourrais citer plus d'un poème d'une rassurante envergure. Si de pareilles œuvres ne sont pas nombreuses, il suffit qu'elles soient d'ordre supérieur, et si elles ne sont pas populaires, c'est que la distinction par essence ne l'est pas, avant que le suffrage des critiques, maîtres de la renommée, lui aient formé une auréole.

Au milieu des floraisons débiles ou vénéneuses de notre art, je ne prendrai à témoin de sa vitalité persistante que la dernière création d'un poète en pleine vigueur d'âge et de talent, je signalerai, en passant, l'héroïque entreprise du vicomte de Guerne dans son grand poème *les Siècles morts,* dont le troisième tome a tout récemment paru. Les beaux vers y abondent. Les noms de proches amis se pressent sous ma plume, mais l'impartialité me

serait trop difficile et surtout je ne me suis pas
attribué la fonction de l'avenir, la périlleuse mission
d'assigner les rangs. Je me suis efforcé seulement
d'en marquer et d'en justifier les distances, afin
d'empêcher qu'on ne les confondît. Les plus hauts
ne sont pas encore devenus inaccessibles en France.
L'échelle de la gloire s'offre à la jeunesse : n'est-il
pas regrettable que, dans l'élite des candidats à la
palme, plusieurs, des mieux bâtis pour y atteindre,
s'attardent à quelque échelon moyen pour le décevant plaisir de s'en faire un trapèze et d'y exécuter,
à la stupéfaction du public lettré, des tours de force
et d'agilité. Puissent-ils, après un louable rétablis-
sement, continuer l'ascension dont ils sont capables.
C'est la grâce que je leur souhaite pour leur honneur et celui de leur patrie.

SULLY PRUDHOMME,
de l'Académie française.

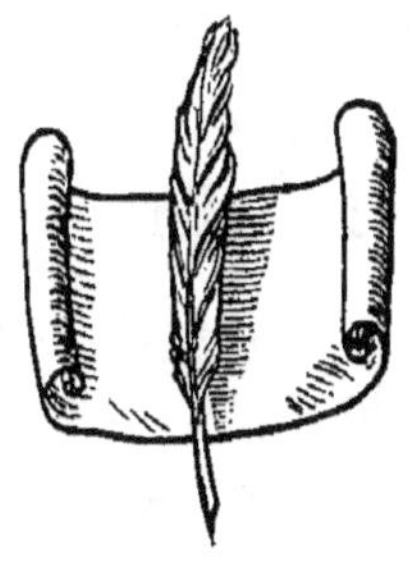

BIBLIOTHÈQUE SAINTE-GENEVIÈVE

(? — 1850)

C'EST auprès des reliques de la patronne de Paris qu'est née et a grandi la Bibliothèque Sainte-Geneviève. Ses origines sont fort obscures, comme le sont d'ailleurs celles de l'illustre abbaye qui l'abrita durant des siècles. Lorsque les restes de sainte Geneviève eurent été déposés dans la fastueuse basilique que Clovis et Clotilde avaient élevée au sommet du mont Lucotitius en l'honneur des apôtres Pierre et Paul, une communauté de religieux se fonda sous l'invocation de la sainte dans le voisinage immédiat de l'église. Peut-être la congrégation eut-elle dès l'origine des écoles et pour l'enseignement de ces écoles quelques manuscrits. Mais ce n'est là qu'une conjecture très discutable. Les écoles génovéfaines sont pour la première fois citées dans la *Chronique* d'Anselme de Liège, qui fut écrite aux environs de l'an 1000, et, ainsi que l'a magistralement établi mon savant ami Charles Kohler, le cabinet actuel des manuscrits ne possède aucun vestige de la bibliothèque abbatiale antérieur au XIIᵉ siècle.

Vers le milieu du XIᵉ siècle, la communauté de Sainte-Geneviève, jusqu'alors très prospère, commençait à donner des signes de décadence prochaine, lorsqu'un immense scandale précipita la ruine. En 1147, le pape Eugène III, de passage à Paris, officiait lui-même en l'église de l'abbaye. Le roi Louis VII, qui était venu assister à la messe, avait envoyé une étoffe de grand prix destinée à couvrir le prie-Dieu où le pontife s'agenouillerait. Après la cérémonie, tandis qu'à la sacristie le pape quittait ses ornements, ses gens voulurent enlever le précieux tapis. Ceux de l'abbaye s'y opposèrent. On se querella d'abord, puis on en vint aux coups. Le roi intervint en personne pour calmer le tumulte. Mais lui-même fut frappé par l'un des serviteurs de l'église. Cet événement détermina la réforme radicale du cou-

vent. Une enquête fut ouverte, qui révéla l'existence
déréglée·des religieux. Le roi, partant pour la croi-
sade, chargea Suger de la réorganisation de l'abbaye,
et, après bien des hésitations, bien des disputes, il
fut décidé que douze chanoines réguliers de Saint-
Victor, choisis parmi les plus dignes, remplace-
raient, avec Oddo ou Eudes pour abbé, les chanoines indisciplinés de Sainte-Geneviève. Suger
procéda à leur installation en l'année 1148.

Entre les mains de ses nouveaux maîtres, l'abbaye
fut bientôt plus florissante qu'elle ne l'avait jamais
été. Son église devint le sanctuaire vénéré du
peuple de Paris. La modeste châsse de bois, qui
renfermait les reliques de la sainte, fut remplacée
par une châsse d'or et d'argent enrichie de pierreries.
Les Victorins apportèrent à Sainte-Geneviève les
institutions de leur ordre. Des règles furent édictées
pour l'entretien d'une bibliothèque et d'une école
de copistes, et ces sages prescriptions, qui nous ont
été transmises par un *ordinaire* de l'abbaye copié au
XIIIe siècle, figureraient ·avec honneur auprès des
règlements de nos bibliothèques publiques. Dès le
XIIIe siècle, la Bibliothèque Sainte-Geneviève possédait environ deux cents ouvrages.

De cette primitive collection il est probable que
rien ne subsiste. Suivant une tradition généralement

admise, la bibliothèque médiévale aurait beaucoup souffert des guerres politiques et religieuses du XVIᵉ siècle. Mais la ruine complète n'aurait été consommée qu'aux environs de l'année 1612, époque à laquelle l'abbé de Sainte-Geneviève, Benjamin de Brichanteau, nommé évêque de Laon, se rendit en son diocèse, confiant à quelque chanoine incapable et ignorant l'administration de l'abbaye. « On vendit les manuscrits à la livre, dit le P. Du Molinet dans son *Histoire de l'abbaye de Sainte-Geneviève,* pour avoir des livres de chant pour l'église ».

A la mort de Benjamin de Brichanteau, survenue en 1619, les religieux de Sainte-Geneviève élurent abbé son frère Philibert et chargèrent le cardinal François de La Rochefoucauld, évêque de Senlis, de faire agréer leur choix au roi Louis XIII. Mais le roi, qui savait en quelle décadence était tombée l'abbaye, annula l'élection et donna au cardinal lui-même le couvent en commende.

Lorsque La Rochefoucauld prit possession de son poste, la bibliothèque était vide. Son premier soin fut de choisir dans sa propre collection cinq ou six cents volumes, qu'il envoya à l'abbaye pour l'usage des chanoines réformés. On peut dire que cette donation fut le premier germe autour duquel

vinrent se grouper les dons et acquisitions successifs
qui constituent le fond actuel de la bibliothèque. En
outre, par un codicille du 20 mai 1640, ajouté à son
testament, le cardinal laissait ses livres aux religieux
de Sainte-Geneviève en même temps que ses reliques,
reliquaires et tableaux. Mais ces dispositions furent
en partie annulées par un second codicille daté de
1644, où il léguait aux RR. PP. Jésuites du collège de Clermont « tous les livres manuscriptz qui
se trouveroient luy appartenir, tant en sadite maison abbatialle que ailleurs, lors de son décès ».

L'accroissement de la bibliothèque fut dès lors si
rapide, qu'en l'année 1675 on dut la transporter
dans une plus vaste demeure. Une salle nouvelle
avait été disposée dans les combles de la chapelle du
cloître. C'était une fort belle galerie de trente toises
de longueur sur quatre de largeur ; elle était haute
de dix-sept pieds et le plafond, en forme de voûte
richement sculptée, était orné de cadres, tour à tour
ovales et rectangulaires, primitivement destinés à
recevoir des portraits et des tableaux. Autour de
cette salle, où le jour pénétrait largement par de
nombreuses fenêtres, étaient aménagées des armoires
de chêne, fermées par des grilles et garnies de
rayons. De chaque côté de ces armoires, qui alter-
naient avec les fenêtres, s'élevaient des pilastres

surmontés de coquilles renversées, et, devant ces pilastres, des bustes d'hommes illustres reposaient sur des scabellons. La décoration de la nouvelle bibliothèque avait été dessinée par le génovéfain Claude de Creil.

Dès l'année 1720, la salle était de nouveau insuffisante. On en construisit alors une seconde, qui coupait la première en forme de croix, et, à l'intersection des deux galeries, on édifia un dôme de trente-cinq pieds de haut, que le peintre Restout, élève de Jouvenet, décora d'une fresque représentant l'apothéose de saint Augustin, évêque d'Hippone. Cette salle, aux proportions exquises, véritable chef-d'œuvre de l'art français des derniers siècles, que Dibdin eut la joie d'admirer en 1818 par une radieuse matinée d'été, sert aujourd'hui de dortoir aux élèves du Lycée Henry IV. Le souvenir de son ancienne destination subsiste dans la belle planche que Delagardette dédia en 1773 à l'abbé Raymond Revoire, supérieur des chanoines réguliers de la congrégation de France.

Ce fut le P. Du Molinet qui eut l'honneur d'inaugurer, en qualité de bibliothécaire, l'élégante galerie de 1675. Le hasard avait bien fait les choses. Le P. Du Molinet était un homme de goût et un collectionneur fort éclairé. Il avait la passion de la curiosité. Il voulut que sa bibliothèque fut aussi un musée ; il l'orna de pièces rares, qui pussent contribuer à l'étude des lettres et des sciences. Sous sa direction le cabinet de Sainte-Geneviève s'enrichit d'une précieuse collection de médailles et monnaies, la plus complète qui fût alors après celle du roi. De toutes ces choses, destinées à faciliter ou embellir l'étude, et que le P. Du Molinet a savamment décrites dans son *Cabinet de la Bibliothèque Sainte-Geneviève*, à peine nous reste-t-il quelques vestiges. En l'an V de la République, un professeur nommé Millin, qui enseignait alternativement l'archéologie à Sainte-Geneviève et au ci-devant Cabinet du Roi, demanda et obtint que, pour sa commodité personnelle, les collections fussent réunies. Comme il arriva trop souvent dans la suite, la bibliothèque Sainte-Geneviève, insuffisamment défendue, fut sacrifiée à sa jalouse et plus puissante rivale.

Lorsque mourut le P. Du Molinet, en 1687, la bibliothèque comptait vingt mille volumes. Un legs du cardinal Charles-Maurice Le Tellier, archevêque de Reims, lui donna le second rang parmi les bibliothèques de Paris. Par testament du 5 novembre 1709, il avait laissé aux génovéfains la collection complète de ses livres imprimés, au nombre de seize mille, la plupart théologiques ou religieux et quelques-uns de ses manuscrits. Les autres avaient été donnés, dès l'année 1700, à la Bibliothèque du Roi.

Vers 1753, la bibliothèque de l'abbaye fut confiée au savant astronome le P. Pingré. Nous possédons encore deux instruments astronomiques provenant du petit observatoire qu'on construisit à son usage sur le toit du couvent. Mais la marche des planètes ne tarda pas à lui faire négliger les obligations de ce monde. En 1764, partant pour les Indes, où il allait observer le passage de Vénus sur le soleil, le P. Pingré délégua ses fonctions à son collègue, Barthélemy Mercier, depuis abbé de Saint-Léger de Soissons, qui fut incontestablement le plus érudit et le plus actif des bibliothécaires génovéfains.

Cette même année 1764, la bibliothèque reçut la visite du roi. Ce ne fut, il est vrai, que par ricochet, mais l'effet n'en fut pas moins considérable. Soufflot avait achevé les fondations de la nouvelle église Sainte-Geneviève, commencée en 1747. Le 6 septembre, Louis XV vint en personne poser la première pierre de l'édifice.

Au moment où le roi, conduit processionnellement par les chanoines de l'abbaye, passait devant l'escalier qui montait à la bibliothèque, Mercier, s'étant

approché, le pria de la venir visiter. « Volontiers,
répondit le roi, mais quand on est en procession, on
ne peut pas quitter les prêtres. J'irai après la cérémonie ». — « Quand tout fut fini, raconte Mercier
dans des notes récemment publiées par M. Maurice
Tourneux, je regardai le roy comme pour le faire
ressouvenir de sa promesse. Il me fit une espèce de
signe d'intelligence. M. le Dauphin, qui accompa-
gnoit Sa Majesté et qui étoit las de la cérémonie,
s'avançoit déjà vers les carrosses pour repartir; le roy
lui dit : « Mon fils, retournez, j'ai promis à ces
Messieurs de voir la bibliothèque »..... Le roy
examina longtemps les livres et me fit mille ques-
tions à ce sujet. Il voulut savoir, entre autres, la
différence qu'il y avoit entre la Bible de Sixte V et
celle de Clément VIII..... Le Dauphin, cependant,
étoit d'assez mauvaise humeur. « Monsieur, me dit-
il, le feu roy n'est jamais venu ici. » — « Monsei-
gneur, lui répondis-je, je n'en sais rien », et je me
retournai vers le roi qui souvent, pour couper court
aux réflexions quelquefois dures de son fils, prenoit
la parole et me parloit d'autre chose. Le Dauphin,
ennuyé, prit même à la fin le parti de sortir et
d'aller dans les galeries causer avec les pages...... »

A quelque temps de là, le roi, qui traversait au
sortir de la messe la grande galerie du château de

Versailles, reconnut parmi les assistants rangés sur son passage le bibliothécaire de Sainte-Geneviève. Se retournant vers son premier ministre : « Choiseul, lui dit-il, comment reconnaît-on la véritable bible de Sixte V ? » — « J'avoue, Sire, répondit M. de Choiseul qui ne s'attendait guère à la question, que je n'en sais pas un mot et même que je me soucie peu de le savoir ». Alors, s'adressant à Mercier, le roi répéta mot pour mot ce qu'il avait appris à l'abbaye.

En 1790, la communauté de Sainte-Geneviève subit le sort de toutes les communautés religieuses : ses biens furent sécularisés et sa bibliothèque, qui contenait environ soixante mille volumes, devint propriété de l'État. L'année suivante, l'Assemblée Constituante ayant décrété que l'église Sainte-Geneviève serait désormais, sous la dénomination de Panthéon, le lieu de sépulture des grands hommes, la bibliothèque fut, elle aussi, débaptisée et fut appelée bibliothèque du Panthéon. Son ancien nom devait lui être rendu sous la Restauration.

Le 6 mai 1797, le Directoire appela l'illustre Daunou aux fonctions d'administrateur de la bibliothèque du Panthéon, qu'il conserva jusqu'en 1804. Nulle vie ne fut plus utilement remplie que celle de ce grand homme. L'éclat de son passé — il avait été président de la Convention — ne l'empêcha pas de condescendre aux plus obscurs devoirs de sa condition nouvelle. En dehors du Catalogue des Incunables qu'il rédigea en entier, précieuse relique que la bibliothèque conserve pieusement, il n'est pas de catalogue ancien qui ne porte, par de nombreuses notes, la marque de sa prodigieuse érudition. Son souvenir est partout. Pendant les sept années de labeur qu'il consacra à la bibliothèque, il creusa un sillon si profond que sa trace y est impérissable. Ses principes politiques et administratifs se résumaient dans cette admirable formule : « L'autorité n'est pas faite pour l'orgueil de celui qui commande, mais pour l'avantage de ceux qui sont gouvernés. »

Le séjour de Daunou à la bibliothèque du Panthéon fut quelque temps interrompu par une mission du gouvernement en Italie. Son absence fut encore profitable à nos collections. Après le meurtre du général Duphot dans un carrefour de Rome, le Directoire avait chargé Monge, Daunou et Florent d'organiser en république les États Romains. Pour châtier le pape Pie VI et les familles Albani et Busca, complices de la trahison, il fut décrété que leurs biens seraient saisis et vendus. Dès qu'il connut la décision du Directoire, Daunou sollicita du gouvernement l'autorisation d'acquérir les plus beaux livres de la bibliothèque du pape, qui était importante. L'autorisation fut donnée et la fleur des collections de Pie VI vint orner les rayons des bibliothèques Nationale et du Panthéon. L'acquisition ne profita guère aux galeries de la rue de Richelieu, qui durent rendre en 1815 les trésors dont Daunou les avait enrichies ; mais Sainte-Geneviève fut oubliée, — son obscurité la sauva, — et nous possédons de cette provenance quelques merveilles, dont certains traités postérieurs ajoutés à la prescription nous assurent la tranquille jouissance.

En terminant son *Histoire de la Bibliothèque Sainte-Geneviève*, ouvrage fort curieux bien qu'assez mal ordonné, Alfred de Bougy disait qu'il était des vieux livres comme des vieilles gens, que les déménagements ne leur convenaient point. Il vint cependant un temps où les vieux livres de Sainte-Geneviève durent quitter leur séculaire demeure, et les causes de l'exil furent assez singulières pour valoir d'être rapportées. Lors de la sécularisation des biens du clergé, on avait abandonné au collège Henri IV les bâtiments de l'abbaye, moins les galeries de la bibliothèque, qui avaient conservé leur première destination. L'intrus montra d'abord quelque déférence au seul vestige vivant des anciens maîtres. Jusqu'en 1804, collège et bibliothèque paraissent

avoir vécu en assez bonne intelligence. Mais la coha-
bitation est peu favorable au respect. Sous l'Empire, la bibliothèque n'est encore qu'incommode au
collège. Sous Louis-Philippe, elle est devenue into-
lérable et menaçante. Ses planchers sont pourris,
ses poutres vermoulues, ses murs ne tiennent plus
debout ; le tout ne peut tarder à s'effondrer sur la
tête des élèves qui dorment immédiatement au-
dessous. La bibliothèque est un danger public. On
nomme des commissions qui déclarent le péril
imminent. En attendant un vote de la Chambre, —
car cette formalité est nécessaire pour l'expulsion
définitive, — on obtient du gouvernement que les
livres seront provisoirement relégués dans quelque
bâtiment voisin. La bibliothèque congédiée, planchers, poutres et murs se consolident d'eux-mêmes.
Le péril est si bien conjuré que dans les galeries
vides de livres on établit de nouveaux dortoirs au-
dessus des dortoirs anciens, dont la sécurité ne sera
plus troublée.

Cette spirituelle comédie eut le succès qu'elle
méritait. Un vote de la Chambre sanctionna toutes
les sages mesures prises et adopta le crédit de
1.775.000 francs proposé par M. Villemain pour la
construction d'une nouvelle bibliothèque. L'emplacement choisi fut celui du collège de Montaigu,

devenu prison militaire, lieu malsain, aux murs humides et chargés de salpêtre, où l'on avait entassé les livres à la première alarme. La façade de l'ancienne prison demeura seule debout, tandis que derrière ses murs s'élevait le nouvel édifice. Enfin, les dernières murailles de Montaigu tombèrent, et la jeune bibliothèque apparut, maison neuve pour loger de vieilles choses. On constata que l'architecte Labrouste n'avait point fait oublier le génovéfain de Creil.

G. LAMOUROUX.

ANTISÉMITISME

M. Alfred Naquet. — On nous dit : Les juifs
ne sont pas des Français : c'est un corps étranger
dans la nation. Débarrassons-nous de ce corps
étranger.

M. de Baudry-d'Asson. — Il n'y a que cela à
faire. Assez de paroles, des actes ! (*Bruit.*)

M. Alfred Naquet. — Je vous remercie, mon
cher collègue.

M. de Baudry-d'Asson. — C'est net et sincère.

(Chambre des Députés. Séance du 27 mai 1895).

LE duc de Brécé recevait ce jour-là, à Brécé, le
général Cartier de Chalmot, l'abbé Guitrel et
M. Lerond, substitut démissionnaire. Au déclin tranquille du jour, ils foulaient d'un pied traînant le tapis
magnifique et triste des feuilles mortes, fumier d'or
qui couvrait les antiques allées du parc. Devant
eux, le château dressait, dans un ciel de gris tendre,

sa façade lourde surmontée de frontons et de balustres.

— Vous possédez les plus belles chasses à courre de la région, dit le général au duc de Brécé.

Le duc songeait :

— C'est égal, dit-il, les juifs ne porteront pas bonheur à la France.

— Du moment que la question sémitique est posée, dit le général, il est désirable qu'elle reçoive la solution dont elle est susceptible. Il faut que les juifs soient exclus de l'armée.

— Et de la magistrature, dit M. Lerond.

— C'est simple, dit le général.

— Non, ce n'est pas simple, dit le magistrat. Il faut, pour atteindre les juifs, faire d'abord de bonnes lois sur la naturalisation. Il est toujours difficile de faire une bonne loi, qui réponde aux intentions du législateur. Des dispositions législatives qui, comme celle-ci, modifieront tout notre droit public, sont d'une rédaction singulièrement difficile. Et il n'est pas certain qu'il se trouvera un gouvernement pour les proposer ou les soutenir, un parlement pour les voter... A mesure que se développe à nos yeux l'expérience de l'histoire, nous découvrons que le dix-huitième siècle est une vaste erreur de l'esprit humain, et que la vérité sociale, comme la vérité religieuse, se trouve tout entière dans la tradition du moyen âge. La nécessité s'imposera bientôt en France, comme elle s'est déjà imposée en Russie, de renouveler à l'égard des juifs les procédés en usage dans le monde féodal, vrai type de la société chrétienne.

— C'est évident, dit M. de Brécé, la France chrétienne doit appartenir aux Français et aux chrétiens, et non pas aux juifs et aux protestants.

— Bravo ! dit le général.

— Il y a dans ma famille, dit M. de Brécé, un cadet surnommé, je ne sais pourquoi, Nez-d'Argent, qui faisait la guerre dans la province sous Charles IX. Il fit pendre à l'arbre dont vous voyez là-bas la cime dénudée, six cent trente-six huguenots. Eh ! bien, je suis fier, je l'avoue, de descendre de Nez-d'Argent. J'ai hérité de sa haine des hérétiques. Et je déteste les juifs comme il détestait les protestants.

— Ce sont des sentiments bien louables, Monsieur le Duc, dit l'abbé Guitrel, bien louables et dignes du grand nom que vous portez. Permettez-moi seulement de vous présenter une observation sur un point particulier. Les juifs n'étaient pas considérés au moyen âge comme des hérétiques. Et ils ne sont pas à proprement parler des hérétiques. L'hérétique est celui qui, ayant été baptisé, connaît les dogmes de la foi, les altère ou les combat. Tels sont ou furent les ariens, les novatiens, les montenistes, les priscillianistes, les manichéens, les albigeois, les vaudois, les anabaptistes et les calvinistes, si bien accommodés par votre illustre aïeul Nez-d'Argent, et tant d'autres sectateurs ou défenseurs de quelque opinion contraire à la croyance de l'Église. Le nombre en est grand, car la diversité est le propre de l'erreur. On ne s'arrête pas sur la pente funeste de l'hérésie ; le schisme produit le schisme à l'infini. L'on ne trouve en face de l'Église véritable que de la poussière d'églises. J'ai recueilli dans Bossuet, Monsieur le Duc, une admirable définition de l'hérétique. « Un hérétique, dit Bossuet, est celui qui a une opinion à lui, qui suit sa propre pensée et son sentiment particulier ». Or, le juif n'ayant reçu ni le baptême ni la vérité, ne peut être dit proprement hérétique.

Aussi voit-on que l'Inquisition ne sévit jamais contre un juif en tant que juif, et que, si elle en abandonna quelqu'un au bras séculier, ce fut comme profanateur, blasphémateur ou corrupteur des fidèles. Le juif, Monsieur le Duc, serait plutôt un infidèle, puisque nous donnons ce nom à ceux qui, n'étant point baptisés, ne croient point les vérités de la religion chrétienne. Encore ne devons-nous point rigoureusement considérer le juif comme un infidèle de la même sorte qu'un mahométan ou un idolâtre. Les juifs ont une place unique et singulière dans l'économie des vérités éternelles. Ils reçoivent de la théologie une désignation conforme à leur rôle dans la tradition. Au moyen âge on les nommait des témoins. Il faut admirer la force et l'exactitude de ce terme. Dieu les conserve en effet pour qu'ils servent de témoins et de garants des paroles et des actes sur lesquels notre religion est fondée. Il ne faut pas dire que Dieu rend exprès les juifs obstinés et aveugles, afin qu'ils servent de preuve au christianisme; mais il se sert de leur obstination libre et volontaire, pour nous confirmer dans notre croyance. Il les conserve dans ce dessein parmi les nations.

— Mais pendant ce temps, dit M. de Brécé, ils nous prennent notre argent et détruisent nos énergies nationales.

— Et ils insultent l'armée, dit le général Cartier de Chalmot, ou mieux ils la font insulter par des aboyeurs à leurs gages.

— C'est criminel, dit l'abbé Guitrel avec douceur. Le salut de la France est dans l'union du clergé et de l'armée.

— Alors, Monsieur l'abbé, pourquoi défendez-vous les juifs ? demanda le duc de Brécé.

— Bien éloigné de les défendre, répondit M. l'abbé Guitrel, je condamne leur impardonnable erreur, qui est de ne pas croire à la divinité de Jésus-Christ. Sur ce point, leur opiniâtreté demeure invincible. Ce qu'ils croient est croyable. Mais ils ne croient pas tout ce qu'il faut croire. Par là, ils se sont attiré la réprobation qui pèse sur eux. Cette réprobation est attachée à la nation et non point aux individus, et elle ne saurait atteindre les israélites convertis au christianisme.

— Pour moi, dit M. de Brécé, les juifs convertis me sont aussi odieux et plus odieux peut-être que les autres juifs. C'est la race que je hais.

— Permettez-moi de n'en rien croire, Monsieur le Duc, dit l'abbé Guitrel, car ce serait pécher contre la doctrine et contre la charité. Il convient même de savoir gré, dans une certaine mesure, aux personnes israélites, non converties, de leurs bonnes intentions et de leur libéralité en faveur de nos œuvres pieuses. On ne peut nier, par exemple, que la famille Bonmont n'ait donné à cet égard un exemple qui devrait être suivi dans toutes les maisons chrétiennes. Je dirai même que Madame Worms-Clavelin, bien qu'elle soit juive, a cédé, dans plusieurs circonstances, à des inspirations vraiment angéliques. Nous devons à l'épouse du préfet la tolérance dont

jouissent, dans notre département, au milieu de la
perturbation générale, nos écoles congréganistes.

— Il est remarquable, dit M. Lerond, qu'il n'y
ait point de question sémite en Angleterre.

— C'est parce que les Anglais n'ont point le
cœur placé comme nous l'avons, dit le général, ni
le sang bouillant comme le nôtre.

— Assurément, dit M. Lerond. J'apprécie cette
remarque, général, mais c'est peut-être aussi parce
que les Anglais emploient leurs capitaux dans l'in-
dustrie, tandis que nos laborieuses populations
réservent les leurs à l'épargne, c'est-à-dire à la
spéculation, c'est-à-dire aux juifs. Tout le mal vient
de ce que nous avons les institutions, les lois et les
mœurs de la Révolution. Le salut est dans un
prompt retour à l'ancien régime.

— C'est vrai! dit le duc de Brécé, pensif.

Anatole FRANCE,
de l'Académie Française.

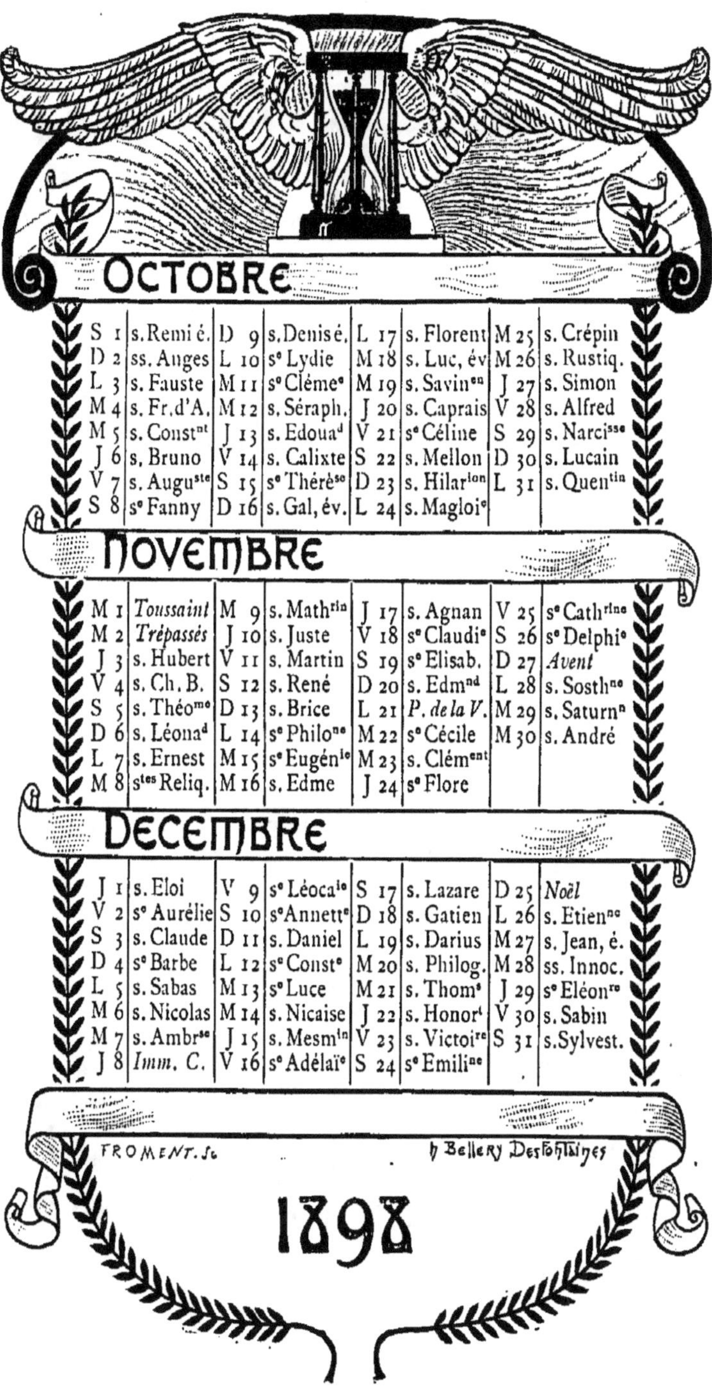

OCTOBRE

S 1 s. Remi é. | D 9 s. Denis é. | L 17 s. Florent | M 25 s. Crépin
D 2 ss. Anges | L 10 sᵉ Lydie | M 18 s. Luc, év | M 26 s. Rustiq.
L 3 s. Fauste | M 11 sᵉ Clémᵉ | M 19 s. Savinᵉⁿ | J 27 s. Simon
M 4 s. Fr.d'A. | M 12 s. Séraph. | J 20 s. Caprais | V 28 s. Alfred
M 5 s. Constⁿᵗ | J 13 s. Edouaᵈ | V 21 sᵉ Céline | S 29 s. Narcⁱˢˢᵉ
J 6 s. Bruno | V 14 s. Calixte | S 22 s. Mellon | D 30 s. Lucain
V 7 s. Auguˢᵗᵉ | S 15 sᵉ Thérèˢᵉ | D 23 s. Hilarⁱᵒⁿ | L 31 s. Quentⁱⁿ
S 8 sᵉ Fanny | D 16 s. Gal, év. | L 24 s. Magloiᵉ

NOVEMBRE

M 1 Toussaint | M 9 s. Mathʳⁱⁿ | J 17 s. Agnan | V 25 sᵉ Cathʳⁱⁿᵉ
M 2 Trépassés | J 10 s. Juste | V 18 sᵉ Claudiᵉ | S 26 sᵉ Delphiᵉ
J 3 s. Hubert | V 11 s. Martin | S 19 sᵉ Elisab. | D 27 Avent
V 4 s. Ch. B. | S 12 s. René | D 20 s. Edmⁿᵈ | L 28 s. Sosthⁿᵉ
S 5 s. Théᵒᵐᵉ | D 13 s. Brice | L 21 P. de la V. | M 29 s. Saturnⁿ
D 6 s. Léonaᵈ | L 14 sᵉ Philoⁿᵉ | M 22 sᵉ Cécile | M 30 s. André
L 7 s. Ernest | M 15 sᵉ Eugéniᵉ | M 23 s. Clémᵉⁿᵗ |
M 8 sᵗᵉˢ Reliq. | M 16 s. Edme | J 24 sᵉ Flore |

DECEMBRE

J 1 s. Eloi | V 9 sᵉ Léocaiᵉ | S 17 s. Lazare | D 25 Noël
V 2 sᵉ Aurélie | S 10 sᵉ Annettᵉ | D 18 s. Gatien | L 26 s. Etienⁿᵉ
S 3 s. Claude | D 11 s. Daniel | L 19 s. Darius | M 27 s. Jean, é.
D 4 sᵉ Barbe | L 12 sᵉ Constᵉ | M 20 s. Philog. | M 28 ss. Innoc.
L 5 s. Sabas | M 13 sᵉ Luce | M 21 s. Thomˢ | J 29 sᵉ Eléonʳᵉ
M 6 s. Nicolas | M 14 s. Nicaise | J 22 s. Honorᵗ | V 30 s. Sabin
M 7 s. Ambʳˢᵉ | J 15 s. Mesmⁱⁿ | V 23 s. Victoiʳᵉ | S 31 s. Sylvest.
J 8 Imm. C. | V 16 sᵉ Adélaï | S 24 sᵉ Emiliⁿᵉ |

FROMENT. Sc
h Bellery Desfohtaines

1898

LES

ÉDITIONS DE BIBLIOPHILES

Depuis bien des années, déjà, et surtout depuis l'apparition de ce charmant volume des *Quatre fils Aymon,* édité chez Launette, en 1883, et illustré avec une étonnante variété (sauf deux pages) par Grasset, l'illustration en couleurs paraît être la grande préoccupation de beaucoup d'éditeurs, ayant derrière eux un rang pressé de bibliophiles.

Cette année encore, sur seize ouvrages de bibliophiles, cinq sont illustrés en couleurs, et quatre autres, en noir, manifestent des recherches de modelés qui dénotent un souci identique d'échapper aux conditions ordinaires de l'illustration.

Nous ne voulons pas faire ici de la discussion, ni apprécier la légitimité de l'illustration en couleurs. On manque de base. Toutefois, il est évident que la formule définitive n'est pas encore découverte. Tous les livres parus jusqu'à présent, sauf un petit nombre, prouvent qu'on est encore dans la période de tâtonnements, et le petit nombre auquel je fais allusion, dont l'illustration a été plus nettement conçue en couleurs, établit que cette illustration n'a pas encore trouvé sa formule.

Peut-elle la découvrir ? A quelles conditions ? C'est là le problème. Nous n'avons point la place de l'élucider, ni mission de le faire. Il ne nous appartient que de donner une opinion sur l'année bibliophilique ; nous aurons pourtant, au cours de notre revue, à émettre quelques idées sur ce sujet passionnant.

*
* *

Il faut grouper en deux catégories les ouvrages illustrés en couleurs : ceux chez lesquels la couleur ne joue qu'un rôle accessoire, comme celui de rehausser la gravure noire, et ceux chez lesquels la couleur remplit le rôle principal, toute l'illustration ayant été conçue dans la gamme même de sa coloration.

Les premiers, à vrai dire, ne sont pas intéressants, — au point de vue qui nous occupe. Ce n'est pas faire une illustration polychrôme, que de tirer en tons divers une eau-forte, ou un bois. L'artiste qui commence par dessiner sa planche comme si elle devait être exécutée en noir, qui, ensuite, différencie, par des tons, les vêtements, les fonds et les visages, ainsi qu'on procédait au XVIIIe siècle, a fait une chose complète par elle-même, et le *coloriage* n'y ajoute rien. Peu importe le moyen employé. L'illustration conçue en noir, n'est point de l'illustration en couleurs. Le ton sur-ajouté peut, dira-t-on, donner de la grâce et *rappeler le XVIIIe siècle ;* la valeur de cet argument est nulle, car nous sommes à la fin du XIXe siècle, et nous avons d'autres procédés à notre usage.

Les ouvrages de la seconde catégorie ont seuls un véritable intérêt. Ils nous édifient sur ce que l'on peut attendre de l'illustration en couleurs, — la vraie. Ces ouvrages ont été, en 1897, au nombre de... un ! C'est *Ilsée, princesse de Tripoli,* texte de Robert de Flers, illustrations de Mucha, H. Piazza et Cie, éditeurs.

Je ne pense pas qu'il faille regarder *Ilsée* comme

un livre, mais plutôt comme un album de lithographies en couleurs. A ce titre, *Ilsée* est digne d'éloges, parce que Mucha, malgré qu'on y retrouve son type de femme fatale et toujours le même, son ornementation au macaroni, s'est montré l'émule de Grasset par la variété des motifs décoratifs, l'heureuse entente de l'habillage, et l'accord soutenu des tonalités. Le tirage a été très soigné par la maison Champenois, qui s'est rattrapée de ses peines sur le tirage de chevaux de labour de son *Estampe Moderne*.

Mais, en tant que livre, notre appréciation diffère. Le livre est autre chose qu'une lithographie ; il possède un autre élément, le texte *imprimé*, dont il faut, coûte que coûte, rendre la valeur concordante à celle de l'illustration. L'*unité* du volume est formée par la valeur égale de la typographie et de l'illustration.

Mais le livre est aussi, et avant tout, une réunion de feuilles de papier. Le papier est le *substratum* du livre. De là cette conséquence que le papier a un rôle nécessaire dans l'illustration comme dans le texte, et que c'est une faute de le couvrir entièrement. Ajoutons, enfin, que pas plus dans un livre que dans un musée, il ne convient que les colorations se bousculent.

Cela fait trois règles que l'on peut formuler ainsi :

1° L'illustration ne doit pas tuer la composition, et *vice versa ;*

2° Le papier doit toujours transparaître et *faire les lumières* dans l'illustration ;

3° Si l'on emploie la couleur, il faut éviter, d'une page à l'autre, les complémentaires.

Or, dans *Ilsée,* que trouvons-nous ? 1° un texte rarement d'accord avec l'illustration ; 2° une illustration qui, la plupart du temps, couvre entièrement le papier, même au moyen d'applications d'or et d'argent ; 3° des pages se faisant vis-à-vis et se heurtant (pp. 4 et 5, 60 et 61, etc.).

La difficulté certes était grande. Les éditeurs ont trop « travaillé » les *Quatre fils Aymon,* comme si ce livre, véritable incunable de l'illustration en couleurs moderne, était définitif. Ils ont eu constamment ce modèle sous les yeux, à l'imitation des Anglais qui ne regardent que les manuscrits du XIIᵉ siècle, et ils n'ont pas fait avancer d'un pas l'art qu'ils ont eu le dessein de servir. Pour nous, sans entrer dans le détail, nous estimons que la lithographie, par sa mollesse, convient peu à l'illustration, à l'illustration en noir, comme à l'autre, ainsi qu'on peut s'en convaincre en examinant la *Bible* illustrée par Célestin Nanteuil. Même quand on cerne d'un trait le contour des figures, le modelé intérieur empêche tout accord avec la rigidité anguleuse du *corps* typographique. Le ton, en outre, s'harmonise difficilement avec l'illustration, et pour obvier en partie à ce désavantage, le texte d'*Ilsée* a été tiré en bistre. Et cela enlève encore à l'aspect « livre » de l'ouvrage pour lui imprimer plus encore celui d'album, album dans lequel M. Mucha aurait jeté d'intéressantes compositions, en forme de tableaux, accompagnées de légendes...

Le problème que n'ont pu résoudre MM. Piazza et Masson, a-t-il été résolu par *La Journée de Fontenoy*, par *Inès de las Sierras*, par *Les Parisiennes d'à présent*, ou par *Ma Petite Ville* ? tous volumes rentrant dans la catégorie des ouvrages *coloriés* ?

Naturellement, non.

La Journée de Fontenoy, texte du duc de Broglie, eaux-fortes en couleurs par Adolphe Lalauze, d'après ses aquarelles originales et celles de son fils Alphonse Lalauze (*Navarre, sous la direction d'un Amateur*), est le véritable type du coloriage. Prenez n'importe quelle planche ; vous y voyez un travail complet de morsure qui, dans le premier état, ne laisse rien à désirer. L'état dernier ne contient, en plus, que la couleur et un modelé complémentaire. Maigriot et grignotté, parfois brutal, tel est l'effet. Sans compter que la lourdeur domine et la boue, notamment dans le hors texte du théâtre où tout est lie-de-vin et couleur de rinçure. Pas un ton heureux dans cette planche, rien qui réchauffe et réveille. Ailleurs, c'est le contraire. Les rouges de la planche double (Bataille de Fontenoy) hurlent... C'est un livre qui ne se tient pas, et on n'y peut trouver d'agréable que l'en-tête, — réserve faite du principe.

Inès de las Sierras, par Charles Nodier, compositions dessinées et gravées à l'eau-forte en couleurs, par Paul Avril (*Ferroud*), peut servir d'exemple contre l'introduction du coloris modelé dans l'illustration. Faudra-t-il donc toujours répéter que l'illustration n'est pas l'estampe ; que l'estampe est libre, tandis que l'illustration est dépendante du texte ? M. le baron de Claye, malgré sa haute compétence, nous paraît s'être mépris sur ce point, lorsqu'il a loué le graveur de sa « méthode qui donne des gravures semblant réellement peintes avec un pinceau ». Il faudrait plutôt l'en blâmer, car rien n'est plus lourd que ces taches, et plus désastreux que ces tons sans transparence, dont l'eau-forte en couleurs n'a pu encore se débarrasser.

Passons, sans nous attarder, sur les *Parisiennes d'à présent,* par G. Montorgueil, illustrations d'Henri Boutet (*Floury*), volume aimable, pas ennuyeux à

feuilleter, où les croquis légers de Boutet sont
rehaussés d'une touche aquarellée discrète et franche,
et mentionnons, pour mémoire seulement, *Ma
Petite Ville,* par Jean Lorrain, « illustrations à l'aquarelle de Manuel Orazi, gravées à l'eau-forte par Frédéric Massé et imprimées en couleurs ; vignettes
décoratives de Léon Rudinki (*sic*) ». — Rudinki pour
Rudniki, une faute de cette importance dans un
titre général, cela juge un volume.

*
* *

Quelques éditeurs ne sont pas allés jusqu'à la
chromie, mais ils ont cherché à y suppléer par
les ressources de l'eau-forte et de la pointe-sèche.
La couleur délaissée devrait se retrouver dans
la vibration profonde des noirs, le moëlleux des
demi-teintes, les passages savamment gradués de
l'ombre à la lumière. C'est ainsi que ceux qui ne
veulent pas commettre le péché de faire gras le ven-
dredi, se font servir du gibier d'eau...

M. Conquet, — nous rendrons tout à l'heure
hommage, à propos de l'*Aristénète français,* à son
amour intelligent du livre, — nous offre un
exemple frappant de cette illustration... auver-
gnate, avec la *Parisienne peinte par elle-même,* de
Georges Montorgueil, illustrée de 21 pointes-

sèches hors texte et de 41 compositions par Henry Somm.

. Les pointes-sèches de M. Henry Somm ne valent que par leur nuancement. Pour le reste, il vaudrait presque autant n'en pas parler. Toutes ses Parisiennes, que seul le vêtement distingue, et encore! sont de banales figures, banalement et souvent incorrectement dessinées. Les en-têtes et les culs-de-lampe, dessins à la plume fac-similés par le bois, sont plus typographiques, mais n'ont pas davantage d'intérêt. Ni imagination, ni caractère, ni sentiment décoratif, c'est excessivement faible. La mise en pages, très gauche, ne sauve pas le volume, qu'il faut abandonner à la rigueur de son destin.

Le second de ces ouvrages hybrides est la *Sapho*, de Daudet, illustrée de 50 compositions de A.-F. Gorguet, dont 16 hors texte, gravées à l'eau-forte par Louis Müller. (*Armand Magnier, Collection des Dix.*)

Sapho n'est pas sans valeur, loin de là. Chez M. Gorguet, les attitudes, les expressions sont observées, les groupements variés, le dessin souvent serré. Malheureusement l'artiste en est resté à ces qualités superficielles; de Sapho il n'a révélé que le dehors, sans parvenir à pénétrer l'être intime. Où est le type, où est la synthèse, pour employer un

terme florissant il y a quelques années et bien
démodé aujourd'hui ? L'espèce Sapho a des caractères généraux qu'il aurait fallu rendre. M. Gorguet
a copié littéralement *une* Sapho ; il demeure intéressant, mais dans la sphère moyenne des réalisations
textuelles.

Au point de vue livre, M. Gorguet ignore ce que
doit être l'illustration. Il a fait 50 compositions qui
sont 50 tableaux bien complets par eux-mêmes. Et
c'est là une chose grave, quand une illustration
peut se passer du commentaire du texte, quand
elle existe *ipso facto*. Elle devient alors une œuvre
à part, juxtaposée, divisible, et l'unité nécessaire
du livre s'en trouve rompue.

A la suite du peintre, l'aquafortiste est venu.
M. Louis Müller a donné ce qu'on lui demandait,
et même plus qu'on ne lui demandait, sans doute,
puisque pages 133 et 221, il a obtenu des noirs
« profonds comme des trous », — qui en ont fait
dans le papier ! Un argument de plus en faveur de
l'eau-forte dans le livre ! Ajoutons que la gravure
de M. Müller manque de nerf et que, sauf quelques
rares exceptions, elle est uniformément moëlleuse
et fondue.

Parmi les publications rentrant dans cette catégorie, devons-nous ranger les *Quinze histoires d'Edgar*

Poë, traduction de Charles Baudelaire, illustrées par Louis Legrand ? (Société des Amis des Livres.) M. Legrand n'a pas illustré, au sens propre du mot, il a intercalé dans le livre des estampes inspirées par le texte. Estampes de tous points remarquables, d'une puissance d'évocation extraordinaire et proche voisine, par l'invention et par la facture, du fantastique hallucinant du conteur américain. Ce sont réellement d'admirables pages, pleines d'effroi et de lueurs inquiétantes, qui éclairent les personnages et les choses, à la façon de ces flammes de punch dans lesquelles on a jeté du sel... Rembrandt ? Non, mais une inspiration analogue, transposée.

Le livre, en plus de ces estampes, n'a que des lettres ornées et des culs-de-lampe. On peut lui adresser, — soyons précis ! — quatre reproches : 1° l'insuffisance de marges des hors texte (un centimètre, à peine) ; 2° la transparence du papier (pourquoi ne pas faire deux tomes ?); 3° le clichage des lettres ornées et des culs-de-lampes ; 4° leur manque de proportion.

Je n'insiste pas, regrettant simplement ces erreurs dans un ouvrage qui atteint à une telle hauteur par le coup d'aile de l'aquafortiste.

Le Bonheur dans le Crime, une des *Diaboliques,* de Barbey d'Aurevilly, a fait l'objet d'une publication par la *Société Normande du Livre Illustré*. M. Félix Régamey a été chargé des dessins et Monziès de leur gravure. M. Régamey n'a pas été bien brillant, ni M. Monziès bien fort. M. Burney a gravé au burin un portrait de Barbey, d'après Lévy, et, pour grossir la plaquette, M. Festugière a écrit soixante-six pages de préface à cette nouvelle qui en a quatre-vingt-dix-sept. Encore un livre à passer par profits et pertes !

Dans le même ordre d'idées, nous ne trouvons à signaler dans les *Prisonniers du Caucase*, de Xavier de Maistre *(Ferroud)* que la longueur de la préface de M. Léo Claretie : 52 pages, sur 122 ! Voilà ce qui s'appelle proportionner les éléments d'un volume ! Cet ouvrage a été illustré de neuf compositions de Julien Le Blant, gravées par M. Louis Müller, moins heureux, ici, que dans *Sapho*.

L'*Aristénète Français*, de Nogaret, illustré de 50 compositions de Durand, gravées à l'eau-forte par Champollion *(Conquet)*, est bien un livre fait sans préoccupations d'essuyages et de sauces, mais c'est un livre du XVIIIᵉ siècle, illustré par un artiste du temps, qui connaissait la matière du livre, ses nécessités, et qui dessinait en vue d'une interprétation typographique, comme les Gravelot, les Eisen, les Choffard et les Cochin.

M. le baron Roger Portalis raconte, en manière de préambule, comment il découvrit en compagnie de M. Eugène Paillet, il y a quinze ou vingt ans, les 49 dessins de Durand, sur le quai Voltaire :

« Je venais de reconnaître, dans le faire un peu brouillé, mais spirituel, manquant peut-être de la netteté d'un Marillier ou d'un Moreau mais précieux encore, la main d'un artiste peu connu, auteur anonyme des dessins du *Fond du Sac* de Nogaret, le dessinateur Durand.

« C'est le collectionneur émérite Mahérault qui, alors que je faisais des recherches touchant les petits maîtres du XVIIIe siècle, avait attiré mon attention sur l'analogie existant entre les vignettes du *Fond du Sac* et certaine feuille de six dessins, montés anciennement à la Glomy, qu'il possédait, et qui portait cette inscription calligraphiée dans les cartouches : *Le Nouvel Aristénète. — Dessinés par Durand, peintre de Mgr le Duc d'Orléans, 1781.* Mêmes petites femmes, mêmes amours, même travail ; pour lui, le dessinateur du *Fond du Sac* était ce Durand, et il me fit partager sa conviction.

« ... Les quarante-neuf dessins que M. Eugène Paillet et moi venions de retrouver, constituaient la suite terminée et complète de l'illustration projetée par l'auteur et l'artiste pour l'*Aristénète Français,*

dont les six premiers dessins de la collection Mahérault n'étaient que les charmantes esquisses. »

M. Champollion a gravé ces dessins avec une
incontestable habileté. Sa pointe a de la finesse,
de l'esprit, parfois un tantinet de lourdeur, fréquem-
ment aussi de la froideur. Mais cela tient à son
tempérament ; M. Champollion ne sera jamais un
volcan.

Sa facture est bonne, excellente même. Les blancs
purs y abondent, la gravure en prend de la gaîté
et l'œil s'en réjouit. C'est bien le genre XVIIIe, et de
cet heureux retour en arrière, l'artiste doit être loué.

Le tireur ne mérite pas les mêmes compliments.
L'impression est fort inégale, allant du bistre au noir
en passant par le gris. Quant au livre, de format
coquet... et Conquet, il est, pages ouvertes, un
peu compact. Le Raçon employé donne des lignes
trop pleines, qui conviendraient mieux aux *Offices*
de Cicéron qu'aux polissonneries de Nogaret.

*
* *

Enfin nous arrivons au bois, — au « bois sacré »
du livre !

Voici d'abord *Boule de Suif,* de Guy de Mau-
passant, illustrée par Thévenot, gravure de Roma-
gnol. *(Magnier, Collection des Dix.)*

L'illustration est de tout premier ordre, pleine d'esprit et de variété, pittoresque, ingénieuse et bien moderne, dans son souci d'exactitude constant. Malheureusement, le graveur sur bois n'a pas été à la hauteur de sa tâche. Il a tout englobé dans une facture uniforme, molle et sans caractère. La mise en pages, non plus, n'est pas des meilleures. Les vignettes sont souvent mal proportionnées, et disposées avec un besoin de fantaisie à la Uzanne d'un goût douteux. C'est dommage, car Thévenot avait fait un beau livre, qui, malgré tout, demeure un des plus intéressants de l'année.

Saluons une mise en pages parfaite ! Elle est de M. Béraldi, habillant de dessins de Jouas, gravés par H. Paillard, les *Poëmes Parisiens* d'Émile Goudeau.

M. Béraldi sait ce que vaut une mise en pages, cette signature de l'éditeur. Ils sont deux, en ce moment, pas un de plus, dont la signature a un crédit illimité sur la place bibliophilique. Je ne nommerai pas l'autre. M. Béraldi, lui, a envoyé au pilon 25 feuilles déjà tirées, — du Chine ! — pour recommencer sa mise en pages dont il n'était pas satisfait. C'est d'une belle conscience !

Pourquoi faut-il que cette conscience se soit tue, lorsqu'il a choisi son illustrateur ? Oh ! M. Béraldi ! du Jouas ! On dirait du Cham, mais Cham a fait

beaucoup mieux. Peut-être est-ce avec ces maîtres :
Cham, Stop, Gautier, Mars et Henriot, que votre
artiste a appris à dessiner.

M. Paillard a gravé ces faiblesses avec une netteté
qu'on eût souhaité voir à meilleure fortune.

De M. Pelletan, cette année, deux volumes et
une plaquette : *Souvenirs de Servitude et de Grandeur
militaires* (tome I : *Souvenirs de Servitude militaire*);
les Aventures du Dernier Abencerage et l'*Oarystis*.
Chacun de ces ouvrages est traité dans une note
différente et témoigne d'un effort nouveau. Autant
de livres, autant de manifestes.

L'*Oarystis,* de Théocrite, traduite par André Bel-
lessort, illustrations de Georges Bellenger gravées
par Froment, présentait une difficulté très grande,
provenant du face à face du texte grec et du texte
français, tous les deux illustrés et encadrés. S'ins-
pirant du caractère de la pastorale, scène d'amour
voluptueux qu'imita André Chénier, l'artiste enca-
dra le texte français dans un décor de style
Louis XVI, avec le thyrse, les banderoles et les
flambeaux qui ornent les tombeaux antiques, enca-
drement léger, presque frêle mais bien frappé,
tandis que les vers de Théocrite s'inscrivaient dans
une lisse, large d'un centimètre, ornée d'une feuille
de lierre copiée sur les vases grecs du Louvre. L'en-

tête de la pastorale reproduisit cette double conception : pur achaïsme dans la partie grecque, illustration moderne dans la partie française. Trois
hors texte, d'une grâce souple et onctueuse, inter-
prétés par Froment avec une franchise de burin
admirable, ajoutent au charme de cette plaquette,
dont l'intérêt se rehausse d'une magistrale *Lettre
de Sicile,* écrite de Palerme même, par ce merveilleux styliste et ce grand érudit qu'est Anatole France.

Pour bien juger *Souvenirs de Servitude et de Grandeur militaires,* illustrations de Dunki, gravées par
Clément Bellenger, il faudrait attendre que l'ouvrage
entier eût paru. Actuellement le premier volume
seul est en vente. Les deux volumes auraient montré comment une œuvre peut être variée sans perdre
son unité, et comment cette variété doit sourdre
des entrailles mêmes du sujet. Nous venons de le
constater dans l'*Oarystis,* nous le constaterions plus
aisément encore dans l'ouvrage de Vigny.

Réservons notre démonstration. Le volume qui
nous occupe a assez d'importance et semble assez
complet par lui-même pour légitimer notre étude.

On peut le diviser en trois parties : 1° une partie philosophique; 2° *Laurette ;* 3° la *Veillée de Vincennes.* Ces trois parties sont totalement différentes.

Ici, Vigny raisonne sur le métier des armes; là, il conte un épisode maritime, dans un paysage brumeux et pluvieux de l'Artois; enfin, dans la *Veillée*, à l'ombre du donjon de Vincennes, il écoute le récit du vieil adjudant et voit passer Marie-Antoinette, Mme de Lamballe, Sedaine, des équipages de gala, des revues militaires, d'honnêtes racoleurs, une actrice ingénue et improvisée, et, pour couronner le tout, la fuite affolée des femmes, des enfants, des chevaux, quand saute la poudrière et que le vieil adjudant meurt victime de son trop grand souci d'irréprochabilité.

A ces trois parties, il serait excesssif de prétendre que correspondent trois *modes* d'illustration chez Dunki. Il est certain pourtant que l'artiste a senti profondément cette division, et, s'il n'a pas appliqué exclusivement tel mode à telle partie, du moins distingue-t-on aisément ces trois modes dans son illustration : le mode Raffet, que j'appelle ainsi parce qu'il comprend de beaux mouvements de troupes en marche; le mode hollandais, avec ses paysages zébrés de pluie, ses lourds nuages d'où suintent l'obscurité et la tristesse; le mode pittoresque, qui rappelle le Dunki des *Petits Contes,* avec ses petits bonshommes pimpants, ses petites femmes coquettes, ses architectures curieuses et de facture amusante, ses accessoires minutieusement traités et bien en place, ses foules dispersées avec une entente si ingénieuse du « meublement » du paysage.

Dunki a rencontré en Clément Bellenger le graveur qui pouvait le mieux le suivre en ses factures si diverses. M. Bellenger sait choisir. Quand il adopte une coupe, on peut être sûr qu'elle est à la fois la plus logique et la plus expressive. Jamais de ces travaux inutiles sous lesquels un ouvrier maladroit dissimule le peu de netteté de son jugement, mais une grande simplicité, un trait précis, volontaire, affirmatif. Ni hésitation, ni mollesse ; de la force toujours et de la grâce souvent.

L'éditeur a laissé M. Clément Bellenger libre de graver *comme il sentait*. C'est là une excellente condition pour réussir. *Servitude militaire* y trouve un attrait particulier.

Les Aventures du Dernier Abencerage ne pouvaient pas être confiées à un illustrateur mieux préparé à sa tâche que Daniel Vierge, espagnol de naissance, maître de la lumière, familier aux coutumes, aux architectures, aux types du pays ibérique. Vierge s'est senti à l'aise dans la nouvelle courte et exquise de Chateaubriand, et, depuis le faux-titre jusqu'au cul-de-lampe de la table, y a semé quarante-trois compositions. Son imagination n'a jamais été plus

facile, sa verve plus abondante et plus nourrie, à
moins que ce ne soit dans les trente aquarelles, fou-
gueuses et éclatantes, qu'il a lavées pour les exemplaires sur grand papier. Il se retrouve dans cet
ouvrage avec ses merveilleuses qualités de *tachiste*
et ses audaces de maître peintre pour qui l'effort
n'existe pas.

A côté de Vierge, Florian mérite une place à
part, Florian graveur d'une souplesse hors ligne et
d'une conscience admirable. Malgré l'extrême sur-
charge de certaines planches, fourmillantes de détails
pittoresques, Florian n'a rien sacrifié, rien esquivé.
Il a abordé de front les difficultés, conservant à sa
gravure la facture, la couleur et le brio du dessin.
L'œuvre de Florian se juxtapose à celui de Vierge
et l'on ne pourrait séparer l'un de l'autre sans une
réelle injustice.

A la frappe noire des précédents ouvrages, s'op-
pose le tirage blond de celui-ci. Cette différence
voulue était nécessaire pour garder aux illustrations
de Vierge leur caractère lumineux. L'essai, d'ailleurs, a été fait d'un tirage foncé, mais le résultat a
conseillé une autre expérience. Les amateurs qui
pourront joindre à leur exemplaire la première
feuille qui a été retirée, — M. Pelletan, comme M.
Béraldi, sachant brûler des feuilles sur l'autel du

beau livre, — se rendront aisément compte de la supériorité du tirage blond.

Terminons enfin cet exposé critique des livres de l'année, sur le dernier volume des *Commentaires de la Guerre Gallique*, réédités aux frais de la *Société des Bibliophiles François*.

Les *Commentaires de la Guerre Gallique* ne sont point un livre, mais un manuscrit, en trois tomes, que les *Bibliophiles françois* ont reproduit en fac-similé, pendant le cours des années 1895, 1896 et 1897.

Mais c'est, à coup sûr, une curiosité de bibliothèque, et plus encore une œuvre de grand art, par le soin minutieux qui a été apporté à la reconstitution exacte de l'original. Les nombreuses et superbes miniatures que fit Godefroy le Hollandais pour illustrer la traduction libre de Albert Pighe, de Campen, en Hollande, mathématicien ami d'Érasme, à qui François Ier avait confié le texte, — première traduction française de l'ouvrage de Jules César, — ont été rendues avec la fidélité scrupuleuse que permettent aujourd'hui les procédés photographiques mis en œuvre avec habileté, et corrigés par un artiste. Le texte, manuscrit dans l'original, est imprimé, dans la reproduction, avec un corps antique de noble aspect. L'ouvrage ainsi transposé a un caractère de réelle grandeur, et mérite les éloges les plus absolus. Les manuscrits sont, l'un au British Museum, l'autre à la Bibliothèque Nationale, le troisième à Chantilly ; la réédition n'a été faite qu'à 31 exemplaires, dont deux seulement ont été déposés dans les collections publiques, du British, à Londres, et de la Nationale, à Paris.

C'est certainement l'ouvrage le plus rare de cette année 1897, qui, en fin de compte, n'aura pas été l'année de la Comète du livre.

CLÉMENT-JANIN.

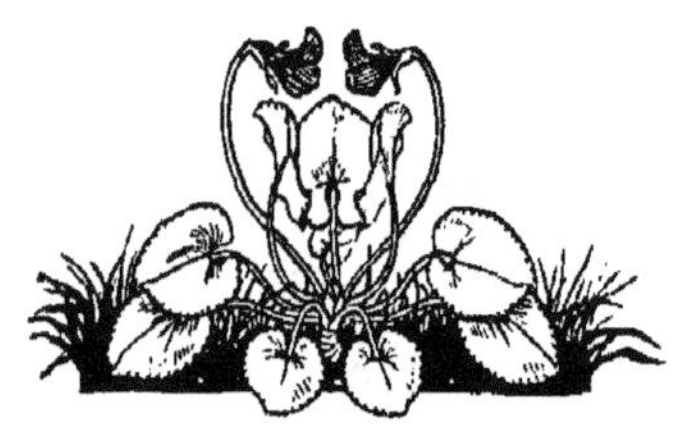

MONSIEUR JOSEPH

L A semaine passée, on vendait à l'Hôtel Drouot la bibliothèque du comte Trémoli. Elle était célèbre. Bien des anecdotiers en avaient, jadis, conté l'histoire et énuméré les richesses. Le catalogue — quatre tomes in-8° — dressé par Morgand et paru chez Techener en 1868, était lui-même devenu une rareté. Chaque année, on y ajoutait un supplément, car la passion du vieux comte grandissait avec l'âge. Elle ne s'arrêta qu'à sa mort, survenue, comme on sait, chez un bouquiniste de la rue de la Sorbonne dans des circonstances admirables et tragiques. Le vieillard fouillait d'une main encore alerte et passionnée dans des cartons, quand, tout à coup, lâchant l'estampe qu'il tenait, et poussant un petit cri, il tomba, comme foudroyé, sur le plancher de la boutique. Et il se passa ce fait curieux et d'une bibliophilie bien caractéristique : avant de relever le mort, le libraire relata l'accident sur la marge de l'estampe qu'il cota, aussitôt, deux cents francs de plus.

Cette vente fut un événement. Il y eut une foule énorme. Pendant les vingt-sept vacations qu'elle dura, aucun ne manqua des marchands et des amateurs, et le moindre bouquin connut des enchères extraordinaires... Je vis là, une fois de plus, combien la bibliophilie est une passion bizarre, et, le plus souvent, disons-le, sans vouloir désobliger personne, à l'envers de la nature et de l'art. Tout ce qui ne peut pas se lire s'enlève à des prix fous, tandis que la belle littérature excite moins l'ardeur des adjudicataires. On ne sait pas trop ce qui détermine la valeur d'un livre ou, du moins, on le sait, mais on ne se l'explique pas. On sait que c'est presque toujours un futile détail, indifférent au vrai artiste, comme au vrai savant, par exemple la conservation intacte d'une couverture qui est, en général, fort laide et qui dépare l'harmonie d'un livre, ou

bien aussi les annotations, les marginations du premier imbécile venu, ou encore sa rareté qu'il faudrait souhaiter plus rare, jusqu'à l'inexistence totale,
puisque ce livre n'offre presque jamais l'intérêt d'une
belle œuvre, ni la curiosité d'un document.

Je fus assez surpris de voir que les splendides
éditions du seizième siècle — les classiques anciens
— avec leurs somptueuses reliures ouvrées comme
des bijoux, leur indestructible papier, leurs caractères fastueux, leurs belles marges, ne trouvaient
pas d'acquéreurs. On me signala qu'elles n'étaient
plus à la mode, sans qu'on pût me dire la raison
de ce délaissement. Car, pourquoi une mode vient-
elle ? Pourquoi s'en va-t-elle ?... Tout le monde
l'ignore...

Je craignis de me rendre ridicule et de perdre à
jamais ma réputation bien établie de bibliophile, en
achetant quelques-uns de ces ouvrages merveilleux
qui excitaient si fort le mépris des marchands et faisaient lever les épaules aux amateurs les plus indis-
cutés, lesquels, hier encore, couvraient de billets de
mille francs la moindre de ces éditions. Et pour
bien marquer que, moi aussi, j'étais dans le mouvement, j'exagérai à plaisir le mépris des uns, le
haussement d'épaules des autres, tout en maugréant,
à part moi, contre mon indécente stupidité.

Voyant un Virgile, chef-d'œuvre de reliure et de typographie, atteindre le prix de dix francs, un expert me dit :

— Ah ! bien !... Ils en ont une couche, les Américains ! Car, vous savez, ces sales volumes, ce sont les Américains qui les achètent... Ils les achètent par charretées, pour en faire des fonds de bibliothèques publiques dans leur pays... Dix francs, ça !... Ah ! vrai ! Folie ! Folie ! Dérision !

Moi, je tapais sur la table, lui se donnait des claques sur la cuisse, en pouffant de rire... Et nous nous excitions à répéter tous les deux :

— En ont-ils une couche, ces Américains !... Folie ! Folie ! Dérision !

Dix ans auparavant, ce même expert avait payé le même Virgile deux mille francs, et ne s'en souvenait plus...

Doux souvenirs de notre enfance...

Si le seizième siècle était fort malmené et tombait dans un complet discrédit, en revanche, tout ce qui touchait au dix-huitième siècle s'enlevait comme du pain, un jour de famine. Une enchère n'attendait pas l'autre... c'était une lutte ardente, une bataille acharnée autour de la plus mince, de la plus inutile brochure. Dès que les enchères commençaient à faiblir, le commissaire-priseur les relevait par de savantes excitations, comme celles-ci :

— Deux cent cinquante-quatre francs ! Voyons, Messieurs... Suivez, Messieurs... c'est pour rien... Deux cent cinquante-quatre francs !... Et il y a un autographe de la marchande de poisson du coin de la rue Saint-Honoré... un autographe du temps, Messieurs !... Voyons, suivez, Messieurs !... A deux cent cinquante-quatre francs !

— Deux cent cinquante-cinq !

— Soixante !

— Dix !

— Quinze !

— Quatre-vingt !

— Trois cents !

Et les enchères repartaient de plus belle.

J'entrai, moi aussi, dans cette folie, et j'achetai quantité de petits livres, tels que : *L'Art de mettre ses bas... Notes indispensables sur l'emploi de la casserole à daube... Le Bottier galant ou Curieuses révélations sur les pieds de la duchesse de Berry... L'Almanach des marchands de beurre...* qui sont, paraît-il, rarissimes et dont je défie bien le liseur le plus patient d'en poursuivre la lecture au delà de deux pages... Mais, il faut dire aussi, pour mon excuse, qu'en dehors de leur littérature, ces petits volumes, dans leur maroquin de l'époque, à grain si fin, à dos si joliment orné, sont de ravissants bibelots, et qu'ils font merveille sur les tables, les étagères et dans les vitrines des salons élégants...

Et, justement, je venais d'acquérir — ah ! quelle bataille ! — un bijou, un vrai bijou : *La dissertation économique sur les chemises de M*^{me}* la princesse de Polignac* (Londres, 1789), quand, dans la salle silencieuse d'émotion, après le furieux coup de feu de cette enchère, un petit vieillard entra.

Il était fort joli, de mise soignée, élégante même. Sa figure toute rose, sa barbe toute blanche courte et lustrée, ses yeux de bonté, la discrétion charmante de son allure, tout, en lui, me fut aussitôt sympathique. Et cette sympathie s'augmenta vivement de ce que je remarquai combien il paraissait timide, d'une timidité rose de jeune fille... Il chercha modestement à s'insinuer parmi les rangs pressés de la foule, et je vis bien qu'il eût été heureux de trouver un siège, près de la longue table où les amateurs, accoudés et graves, s'hypnotisaient à lire les alléchantes remarques du catalogue. Spontanément, je lui cédai ma chaise... Le vieillard rougit, s'excusa, me remercia et finit, grâce à mes chaleureuses instances, par accepter le siège que je lui offrais.

Les enchères, un instant ralenties par l'entrée du
petit monsieur et le colloque de politesses qui s'était
engagé entre nous deux, reprirent, plus batailleuses
et plus violentes que jamais... Je fis le tour de la
salle et vins me réfugier dans la partie réservée aux
personnages de marque, de telle sorte que j'avais
en face de moi le nouvel arrivant et que je pouvais
l'examiner tout à mon aise. Pressé entre deux marchands, il n'osait pas lever les yeux au-dessus de la
table, et chaque fois que son regard timide et très
doux s'égarait un peu dans la salle, et rencontrait
un visage, le sien, de rose qu'il était, devenait
rouge, pourpre, violet, presque noir. Après s'être
lentement déganté, il resta immobile et les yeux
baissés, durant une heure ; et, durant cette heure,
je vis ses mains très pâles et très maigres gratter le
tapis de la table, d'un mouvement un peu fébrile,
par où s'accusait l'anxiété de son âme.

Tout à coup, l'expert appela le n° 4.414 du catalogue. C'était un livre indifférent, au millésime de
1838, mais dont la reliure très riche portait, in-
crustée dans le maroquin du plat supérieur, une miniature sans valeur artistique, le portrait d'une femme
qu'on devinait extrêmement belle, avec la gorge nue et
les seins pointant... Je remarquai que le petit monsieur
avait tressailli et qu'il s'agitait fébrilement sur sa

chaise... Il était visible aussi qu'il souffrait réellement de ce que le livre circulât de mains en mains, sous les regards et les libres propos de tout le monde. Et je pensai que cette miniature était un souvenir cher de sa jeunesse... ou une douleur peut-être !

— Cinq cents francs, marchand !... cria l'expert...

— Cinq cent cinquante ! balbutia le petit monsieur...

Il y eut un silence. L'enchère n'était pas relevée. Le marteau du commissaire allait s'abattre, quand, poussé par je ne sais quelle pensée méchante, par une sorte de perversité que je n'eus pas le temps de raisonner...

— Mille francs ! articulai-je d'une voix de défi.

Le vieux petit monsieur coula vers moi un regard où il y avait de l'étonnement et de la supplication, à la fois...

— Mille cinquante ! fit-il.

Et sa voix tremblait, comme une petite plainte.

— Quinze cents !

Et ma voix sonnait comme une provocation.

— Cinquante.

— Deux mille !

— Cinquante.

— Six mille !...

La salle haletait... Tous les regards étaient sur nous... Je ne voyais plus les yeux du petit monsieur. Mon enchère, on eût dit qu'elle l'eût empoigné à la nuque, et d'une main brutale, impérieuse, qu'elle lui eût collé, aplati le visage sur le tapis.

— Cinquante !

Et c'était comme un soupir... un soupir d'enfant, très loin... très loin.

— Dix mille !...

— Cinquante.

— Quinze mille !

— Cinquante !

L'ivresse me gagnait.

— Vingt mille !

Mes enchères tombaient, avec fracas, dans la salle, comme des bombes... Celles du petit monsieur n'étaient plus que des souffles... des chuchotements, des frôlements de voix... plus rien...

— Cinquante !

— Ving-cinq mille !...

— Cinquante !

Il avait un peu relevé la tête... Et je vis une larme, une pauvre larme mouiller ses cils et descendre lentement sur ses paupières. Je m'acharnai, d'autant plus que je sentais mon acharnement sans danger. Oui, je sentais que je pouvais aller jusqu'à cent mille francs, et que j'entendrais toujours derrière mon enchère, l'enchère du petit monsieur tomber comme un sanglot...

— Trente mille ! hurlai-je d'une voix sinistre, d'une voix criminelle d'assassin — oh oui ! d'assassin !

— Cinquante...

Alors, les doigts du petit vieux cessèrent de gratter le tapis, et sa tête roula, comme une boule, sur la table. Il venait de s'évanouir, tandis que le marteau du commissaire, retombant d'un coup sec, mettait fin à cette scène angoissante...

— Adjugé à trente mille cinquante !...

La syncope dura quelques secondes...

Quand il fut revenu à lui...

— C'est que ! balbutia le petit monsieur... je ne savais pas... je ne pouvais pas prévoir... Je n'ai pas l'argent sur moi...

— Votre nom ! seulement... donnez votre nom...

Son visage, tout pâle encore, s'empourpra comme une pivoine... Et il bégaya...

— Je... ne puis... pas... non, non... Je ne puis pas... Eh bien... mettez Monsieur Joseph !... Je vais aller chercher l'argent... Je n'aurais jamais pensé que... que...

Et ses pauvres yeux vacillants m'envoyèrent
comme un doux reproche... Ils semblaient me dire :
« Pourquoi as-tu fait cela ? » et ils n'avaient pas
de haine... non, en vérité, pas de haine !

Octave MIRBEAU.

LES VENTES DE LIVRES

EN 1897

MESSIEURS les commissaires-priseurs n'ont pas
chômé l'an dernier ; ils ont procédé à la dis-
persion d'un certain nombre de bibliothèques dont
quelques-unes étaient, à divers titres, justement
célèbres. Sur les tables de l'Hôtel Drouot et de la
Salle Silvestre ont passé des milliers de volumes,
livres anciens ou livres modernes, raretés bibliographiques ou merveilles de reliure, ouvrages d'art, de
science et d'histoire ; il y en a eu pour tous les
goûts et pour toutes les bourses.

Qu'on ne s'attende pas à trouver ici une énumération complète des ventes qui se sont effectuées en 1897 ; la liste en serait trop longue et risquerait surtout de ne présenter qu'un médiocre intérêt ; je me suis donc borné à passer rapidement en ces quelques pages la revue des ventes dignes d'être inscrites dans les annales de la bibliophilie.

La première vraiment intéressante pour des bibliophiles fut la vente H. B., dirigée par M. Porquet ; elle eut lieu à l'Hôtel Drouot, le 15 février ; le catalogue n'était point volumineux ; cent sept numéros seulement le composaient, mais quels numéros ! Il suffit de rappeler que le total des adjudications s'est élevé à 171,304 francs, ce qui met les volumes, l'un dans l'autre, à 1,600 francs la pièce. Le gros morceau de la vacation était certain *Livre d'heures du comte de Bussy-Rabutin,* curieux manuscrit contenant huit portraits en miniature, relié au XVIIe siècle en maroquin citron à compartiments, doublé de maroquin rouge, doré à petits fers et au pointillé, adjugé 20,650 francs ; il avait figuré successivement dans les bibliothèques du duc de La Vallière, de la duchesse de Châtillon, de la duchesse d'Uzès, de la marquise de Rougé, du vicomte de Lostange, d'Ambroise Firmin-Didot et du baron Jérôme Pichon. Deux très beaux Jarry et un Rousselet (n°s 9, 10 et 11) ont atteint les prix de 9,700, 5,950 et 8,950 francs ; la *Suite d'estampes pour servir à l'Histoire des mœurs et du costume en France*, de Freudeberg et Moreau le jeune, en maroquin doublé de Cuzin, est montée à 8,000 francs ; les *Commentaires de Franç. Robortelli sur la poétique d'Aristote* (Florence, 1548, in-fol.), en maroquin brun à compartiments, aux armes d'Henri II et de Diane de Poitiers, ont été acquis par Morgand au prix de 12,450 francs. A noter aussi une belle réunion d'éditions de Rabelais, depuis celle de 1534 jusqu'à celle de Le Duchat (n°s 54 à 74), adjugées à des prix variant entre 20 et 11,000 francs.

Quelques jours plus tard, les 22 et 23 février, les successeurs de Techener, MM. Leclerc et Cornuau, mettaient sur table les livres du cabinet de M. le baron Lucien Double. Cet amateur délicat s'était attaché à grouper dans ses vitrines des volumes de provenance historique. Depuis Louis XII jusqu'à Charles X, tous les rois de France étaient représentés par un, souvent par plusieurs ouvrages provenant de leur bibliothèque. Les reines, les dauphins, les princes et princesses de sang royal lui avaient fourni un précieux contingent. Cardinaux et ministres, maréchaux et magistrats, amateurs célèbres, femmes bibliophiles ou favorites se trouvaient réunis dans le cabinet de M. Double : Mazarin, Bossuet,

Louvois, les maréchaux de Villeroy et de Richelieu, les présidents Mathieu Molé et de Harlay, Hue de Miromesnil, Trudaine, Canevarius, Grolier, Maïoli, comte d'Hoym, Longepierre, la comtesse de Verrue, la duchesse de Boufflers, la comtesse du Barry, et bien d'autres encore. Je n'ai pas présente à la mémoire la somme que produisit cette vente; elle ne fut pas aussi élevée qu'elle aurait pu l'être, car, malheureusement, tous ces exemplaires, précieux comme provenance, étaient loin d'être de premier ordre sous le rapport de la conservation. Un des articles les plus curieux, un article sensationnel, a été adjugé 8,020 francs. C'était les *Découvertes de M. Marat* (Paris, 1779, in-8), imprimées sur papier de Hollande et reliées en maroquin rouge aux armes de la malheureuse reine Marie-Antoinette.

D'un genre absolument différent, moins frivole surtout, était l'importante bibliothèque formée par M. Tandeau de Marsac; c'était la bibliothèque d'un bibliophile de la vieille et bonne école, qui estime avec juste raison que si les livres précieux ou rares, les belles reliures ou les volumes de provenance célèbre sont enviables, il doit néanmoins être réservé dans tout cabinet d'amateur une large place pour les livres qui instruisent et pour ceux qu'il est constamment nécessaire de consulter. C'est ainsi qu'à côté d'une belle série de ces merveilleux livres d'heures de Simon Vostre, de Gillet et Germain Harduyn, de Guillaume Godard, de Macé Bonhomme, tous les classiques du XVIIe siècle, en éditions originales, aujourd'hui tombés dans une injustifiable défaveur, se trouvaient honorablement représentés. Théologie, jurisprudence, sciences et arts, belles-lettres et histoire, chacune de ces sections était bien fournie. D'ailleurs, M. Tandeau de Marsac ne se cantonnait pas dans une époque; tout livre, beau ou intéressant, à quelque siècle qu'il appartînt, avait droit de cité chez lui; Balzac y coudoyait Bossuet; Hugo vivait en bonne intelligence avec Corneille; Rabelais et Molière regardaient complaisamment Dumas et Musset.

Cette bibliothèque, dont le catalogue comprend quatre parties, a fait l'objet de quatre ventes du 3 mars au 26 avril; la première partie, mise sur table la dernière par M. Porquet, a donné un résultat de 126,758 francs. Un superbe bréviaire à l'usage d'une confrérie parisienne, manuscrit sur vélin de 438 feuillets in-4°, de la fin du XIVe ou du commencement du XVe siècle, relié en velours rouge, entre dans ce chiffre pour 13,900 francs.

J'arrive à la bibliothèque des frères de Goncourt. Suivant la volonté formelle d'Edmond de Goncourt,

elle fut divisée en deux parties, l'une comprenant
les livres du XVIIIe siècle, les manuscrits, autographes, affiches et placards de cette même époque,
l'autre les livres modernes. M. Morgand, le regretté
libraire du passage des Panoramas, fut désigné par
le testateur pour vendre la première; M. Durel eut
mission de mettre aux enchères la seconde. Pendant la durée de ces ventes (29 mars au 3 avril
et 5 au 10 avril), la salle n° 9 de l'Hôtel Drouot
demeura transformée en une élégante chambrée où
se succédèrent toutes les notabilités du monde des
lettres. Ce fut un véritable engouement.

Les Goncourt avaient colligé dans leur *grenier*
d'Auteuil, sur le XVIIIe siècle qu'ils ont contribué
à remettre en honneur, des livres piquants, des
pièces curieuses, quelquefois uniques, des documents suggestifs; leur bibliothèque était bien, par
sa composition, celle de délicats amoureux d'art,
sans cesse à l'affût de ce qui pouvait exciter la curiosité; mais à notre époque où l'on considère beaucoup le livre comme un bibelot, les « Dix-huitième »
des deux frères n'étaient pas en condition suffisam-
ment pure pour tenter des bibliophiles. Toutefois,
l'expert n'a pas eu à se plaindre du résultat final
qui, si je ne me trompe, a largement dépassé ses
prévisions.

La partie moderne de la vente était assurément plus corsée ; je crois bien qu'elle n'a pas dû satisfaire pleinement les amateurs entichés de couvertures, car il semble me rappeler que Goncourt, ou tout au moins son relieur, a poussé plus d'une fois la profanation jusqu'à supprimer — *horresco referens* — ces feuillets de couleur dont l'absence suffit actuellement à disqualifier un livre, quel que soit d'ailleurs l'intérêt de son texte ; mais, malgré cette mutilation, les exemplaires de la bibliothèque d'Auteuil méritaient d'être convoités par les curieux. Les notes bibliographiques ou critiques qu'Edmond de Goncourt y avait inscrites, comme les nombreuses dédicaces des auteurs, leur donnaient une saveur toute spéciale. Au point de vue de l'habillage de leurs livres, les Goncourt, il est vrai, n'ont pas toujours été bien inspirés ; certaines reliures accusaient même un manque de goût qui étonne de la part de collectionneurs aussi affinés qu'eux. Le véritable « clou » de la vente a été la série des vingt-neuf volumes portant sur leurs plats en vélin blanc les portraits peints à l'aquarelle, à l'huile, dessinés aux crayons de couleur ou à la plume, de leurs auteurs : Banville, Coppée, Daudet, Goncourt, Hennique, Huysmans, Jean Lorrain, Princesse Mathilde, Mirbeau, Zola, etc., etc. Et ces portraits sont signés :

Rochegrosse, Raphaël Collin, Eugène Carrière, Jeanniot, Raffaelli, de la Gandara, Doucet, Rodin, etc. Cette série a produit à elle seule 11,585 francs sur un total de 68,553 francs.

Tandis que les amateurs de « moderne » se partageaient les livres du *grenier*, les bibliophiles « en vieux » prenaient position et dressaient leurs batteries en prévision de la bataille qui allait se livrer dans la première quinzaine de mai.

Entre temps, les 12 et 13 avril, M. Théophile Belin remportait un succès avec la vente des manuscrits et miniatures du XIe au XVIIe siècle, des ouvrages d'ornementation des XVIIe et XVIIIe siècles, et des estampes formant la collection de M. P. Gélis Didot; du 12 au 15 du même mois, M. Durel mettait sur table la bibliothèque de feu M. L. Crampon; cet amateur avait réuni beaucoup de livres rares des XVe, XVIe et XVIIe siècles, poètes français, facéties, classiques en éditions originales; mais ainsi vont les choses, la vente ne donna pas le résultat que l'on en pouvait espérer; il est vrai de dire que l'expert avait été forcé de la préparer hâtivement et que cette hâte ne lui avait pas permis de faire toute la publicité nécessaire.

Ici se place le gros événement bibliophilique de l'année 1897, la vente de la bibliothèque de feu

M. le baron Jérôme Pichon, président honoraire de la Société des Bibliophiles français.

A la mort du savant bibliophile, il ne manqua pas de bonnes langues pour déclarer qu'il ne restait plus grand'chose dans le célèbre cabinet de l'hôtel de Lauzun ; peut-être quelques « graillons » s'y trouvaient-ils encore, mais de livres vraiment hors ligne, il n'en fallait point parler. La bibliothèque, émigrant du quai d'Anjou, prit le chemin de la rue Saint-Honoré, et l'on put voir s'aligner sur les rayons de la librairie Techener les manuscrits les plus précieux, les reliures les plus somptueuses et des maroquins armoriés de provenances illustres. Force fut donc aux bonnes langues de reconnaître qu'il restait encore quelque chose ; les amateurs ne tardèrent pas à venir examiner ces richesses ; on critiqua d'abord, on admira ensuite, puis, le jour des enchères venu, on acheta. Et lorsque le dernier des 1,575 articles qui composent le catalogue fut adjugé, le procès-verbal du commissaire-priseur accusait plus de 510,000 francs. Il faut dire que la vente, qui a duré du 3 au 14 mai, a été rondement menée par M. Delestre, assisté de MM. Leclerc et Cornuau. Ce n'était là, en somme, qu'un choix de livres pris dans les vingt ou vingt-cinq mille volumes qu'avait réunis mon éminent ami, mais quel choix !

Je ne puis citer ici tous les précieux ouvrages que
l'on s'est chaudement disputés, mais qu'il me soit
permis de signaler trois ou quatre des principales
enchères : les *Heures de la Vierge,* de Geofroy Tory,
magnifique exemplaire dans une reliure très fraîche
aux armes de François Ier, adjugées 12,250 francs ;
le *Breviarium fratrum minorum,* manuscrit sur vélin
de la première moitié du XIVe siècle, ayant appar-
tenu à Bonne de Luxembourg, orné de sept grandes
miniatures, 8,500 francs ; un *Eucologe* dans une
charmante reliure mosaïquée de Padeloup, acheté au
temps jadis chez un de nos grands libraires, 35 francs
et qui s'est vendu 11,620 francs ; le *Mémoire sur la
réformation de la police de France,* relié par Padeloup aux
armes de Louis XV et enrichi de vingt-huit dessins à
la plume de Gabriel de Saint-Aubin, 10,600 francs ;
le *Discours sur la peinture,* exemplaire de dédicace
aux armes de la marquise de Pompadour, dans une
reliure de Dubuisson et contenant deux ravissants
dessins à la plume et à l'encre de Chine par Gabriel
de Saint-Aubin, 22,500 francs ; un *Recueil de chansons notées,* italiennes et françaises, manuscrit de la
fin du XVe siècle, avec miniatures, taillé en forme
de cœur, 6,800 francs ; et enfin cette *Fête de Chilly,*
manuscrit calligraphié par Fyot, dans une magnifique reliure de maroquin citron doublé de maro-

quin rouge, à compartiments de maroquin vert et rouge dorés à petits fers, aux armes de Marie-Antoinette, qui a atteint le prix de 35,000 francs.

Je mentionnerai simplement la vente du Marquis de Pastoret, avec ses nombreux recueils d'autographes, faite par M. Jean Fontaine (19 et 20 mai) et celle du Prince Torella (2ᵐᵉ partie), par MM. Émile Paul et fils et Guillemin, du 26 mai au 3 juin, qui clôture la saison. L'été venu, on déserte l'Hôtel Drouot, et ce n'est guère que vers novembre que l'on en reprend le chemin. ·

La vente de la deuxième partie de la bibliothèque de M. Alfred Bégis (29 et 30 novembre) a été la dernière vente de quelque intérêt faite à Paris; MM. Leclerc et Cornuau y ont procédé. Outre les publications de la Société des Amis des livres (moins *Fortunio*) qui ont atteint un prix total de 5,848 francs, et un joli lot d'almanachs du XVIIIᵉ siècle, le catalogue comprenait principalement des pièces historiques et des pamphlets relatifs à la Révolution, à Louis XVI, à Marie-Antoinette et à la Famille royale. C'était un ensemble curieux et qui a été apprécié des amateurs.

C'est en province, à Grenoble, qu'a eu lieu la dernière vente importante de l'année ; du 13 au 18 décembre, MM. Pilot de Thorey, archiviste, et

Félix Perrin, libraire, ont mis sur table les livres de l'ancienne bibliothèque de D. de Salvaing de Boissieu, conseiller du Roi en tous ses Conseils, premier président en la Chambre des comptes de Dauphiné (1600-1683), et qui avaient jusqu'alors été conservés au château de Sassenage. Le catalogue enregistrait 1443 articles parmi lesquels de beaux manuscrits et des incunables d'une rare fraîcheur.

Tel est à peu près le bilan des ventes de livres pour l'année 1897.

GEORGES VICAIRE.

LE DUC D'AUMALE — HENRI MEILHAC
ALPHONSE DAUDET

AVEC ces trois hommes, la mort nous a pris cette année une part de ce que nous aimons le plus et de ce que nous faisons le mieux. Le duc d'Aumale était comme l'aboutissement de dix siècles d'histoire, le résumé de ce que la France a développé de plus fort et de plus brillant à travers sa formation, la fleur dernière d'une noble plante. Henri Meilhac concentrait au théâtre un tour d'observation et — dût le mot étonner au premier aspect, — une morale, un genre d'esprit et une grâce essentiels à notre tempérament national. Alphonse Daudet remplissait le roman français de pitié humaine, l'illuminait de clairvoyance, l'animait de gaieté fine et d'ironie sans fiel.

Descendant de Henri IV, fils de Louis-Philippe et héritier des Condé, soldat, écrivain et amateur d'art, le duc d'Aumale incarnait en sa personne un ensemble de dons traditionnels et originaux, qui faisaient de lui un homme à peu près unique dans les spécialisations et les catégories modernes, un homme complet tel que l'entendaient les civilisations anciennes. En servant son pays, il continuait l'illustration de sa famille; pour lui, l'honneur du nom et l'amour de la patrie ne faisaient qu'un. Alors que la Révolution française avait creusé un fossé entre la France d'autrefois et celle d'aujourd'hui, et que l'honneur imposait à notre vieille noblesse un rôle d'hostilité contre la société nouvelle, il se trouvait que, par Philippe-Égalité et le roi constitutionnel de 1830, il pouvait servir la démocratie et la liberté sans renier ses origines. Il avait le droit d'aimer d'un égal amour les fleurs de lys et les trois couleurs. Si la réconciliation eût été possible entre l'ancien régime et le nouveau, elle n'aurait pu se faire plus complète et plus solide que par ses mains.

Les évènements ne lui ont pas permis de remplir tout son rôle et de donner toute sa mesure. Il n'a

point trouvé, au cours de ces vingt-sept dernières
années, l'occasion de rendre à son temps et à son
pays tous les services dont il était capable. Il n'y a
pas eu de sa faute; il était prêt et il attendait. En
cas de grande guerre, il était désigné par la
confiance des généraux et de l'armée pour marcher le premier vers les provinces perdues; président, il aurait loyalement servi et affermi la
République. Au lieu de la victoire et du pouvoir,
il a dû quitter l'armée et partir pour l'exil. La
persécution politique ne l'a pas diminué, et il est
mort entouré du respect universel. Quelques années
avant, injustement frappé, il avait légué à la France
le meilleur de son héritage, un château historique
qui complète Versailles et Fontainebleau, un musée
qui est au Louvre ce que Chantilly fut à l'ancienne
demeure des rois de France. Le peuple de Paris
se promène en ce moment à travers le parc et les
galeries devenues propriété nationale par la volonté
de celui dont les vainqueurs de 1848 avaient saccagé
la résidence familiale, le château de Neuilly.

Henri d'Orléans fut avant tout un soldat. Revêtu
de l'uniforme dès l'enfance, il aurait voulu être
enseveli dans le costume militaire. Si la mort, en
le surprenant à l'étranger, n'a pas permis de remplir cette volonté dernière, son épée de général a

été déposée sur son cercueil, portant à la garde sa
première croix de la Légion d'honneur, gagnée sur
le champ de bataille. Il avait tout du soldat, l'aspect
physique, l'âme, le désir constant du danger et du
sacrifice. Cette tête blonde et ces yeux bleus, avec la
moustache gauloise et la barbiche d'Afrique, étaient
typiques. En le représentant, Raffet comme jeune
colonel, Bonnat comme général, Chaplain sur une
médaille à l'antique, Benjamin-Constant comme un
invalide, desséché et raidi par l'âge, mais fier comme
un vieux drapeau, nos artistes semblaient symboli-
ser les âges et les aspects successifs du soldat de
France.

Dans son intimité, ouverte et choisie, la simplicité cordiale du soldat relevait, de manière charmante, la grande allure du prince et du gentilhomme.
Il était « troupier », sans rien du traîneur de sabre;
il n'affectait pas la familiarité grossière par laquelle
le duc de Berry s'efforçait autrefois de gagner les
grognards de l'Empire; il se contentait d'aimer la
vie mâle, fière et modeste que l'on mène au camp
et sous la tente; il parlait uniforme et armement
sans affectation, sans hâblerie, sans le goût puéril
du « bouton de guêtre », mais avec le vif sentiment
de tout ce qui peut rendre le soldat brave et
utile. Il n'était jamais plus heureux et plus à l'aise

que, la courte pipe de bruyère à la bouche, entre quatre ou cinq compagnons d'armes, rappelant l'Afrique et ses combats, appréciant la reconstitution de l'armée française après 1870 et exprimant le grand espoir qui, depuis lors, est allé s'affaiblissant, mais qui, si vif au début, ne restait à aucun Français plus qu'à lui toujours présent à l'esprit et au cœur.

Je le vois encore dans la grande galerie de Chantilly, faisant les honneurs de ses collections à ses hôtes, lettrés et artistes, ou, après les diners mensuels de l'Académie des Beaux-Arts, prenant sa part de la gaieté bon enfant qui anime ces réunions. Il avait agi, vu et lu autant qu'homme de notre siècle; il parlait bien et aimait à parler; il avait le goût de l'anecdote caractéristique, du trait qui porte et du mot qui jaillit. Sa conversation était un délice, par sa gaieté fine et sa verve discrète, toute animée par le courage, l'énergie, le patriotisme, le sentiment du beau.

Il a écrit autant qu'un professionnel, en se préservant de la vanité et, pour ainsi dire, de l'absorption par le métier, contre lesquelles l'homme de lettres se défend si malaisément. Le genre qu'il préférait, l'histoire, était le plus digne de lui; prince et soldat, il en faisait la continuation ou la consolation de l'action. Il discutait des problèmes d'histoire militaire, comme le *Siège d'Alésia;* il retraçait une crise d'histoire nationale, la *Captivité du roi Jean;* il racontait des créations militaires, dans *Zouaves et chasseurs à pied;* contre une attaque injuste, sans générosité ni prudence, il défendait le rôle de sa famille, dans la *Lettre sur l'histoire de France;* il élevait un monument à ceux dont il était l'héritier et le mandataire, dans l'*Histoire des princes de la maison de Condé.*

Il est rare que toute une existence pleine et active ne puisse pas se résumer d'un mot qui en marque l'unité. Ce mot, le duc d'Aumale l'a prononcé lui-même. Dans le procès Bazaine, il répondait à l'accusé qui essayait de justifier sa conduite sur l'absence d'un gouvernement légal : « La France existait toujours ». Cette pensée a réglé toute sa vie; elle en reste la devise et l'honneur.

Représentez-vous une séance publique de l'Institut; sous la coupole, dans l'hémicycle étroit, dominant le flot des assistants qui montent de minute en minute vers l'amphithéâtre où siègent les académiciens, empiétant jusque sur le bureau, pour caser les mondaines dont M. Pingard est la providence, placez l'un près de l'autre le duc d'Aumale et Henri

Meilhac, vous aurez une idée concrète et frappante des éléments divers qui concourent à former cette chose si une, l'Académie française, image de la France elle-même. A côté du prince du sang, homme de guerre et homme d'État, se consolant par les lettres et l'art de ne pouvoir plus combattre et gouverner, représentant de la patrie guerrière et conquérante, le pur homme de lettres, curieux et sceptique, l'homme de théâtre et de plaisir, ironique et blasé, indulgent et narquois, sentimental et viveur, représente « Tout Paris ». Il en incarne l'âme artificielle; il représente aussi une part charmante de l'esprit français.

L'homme est court, replet, la tête ronde; l'œil rond brille de finesse malicieuse, mais la forte moustache retombe sur une bouche sensuelle et bonne. Ironique et bienveillant, il regarde la corbeille diaprée. Ses modèles sont là : mondaines élégantes et compliquées, comédiennes aux traits délicats et fatigués, diplomates et hommes politiques, journalistes et cercleux, tous affinés et fourbus, l'esprit aiguisé et le cœur déçu, sceptiques et gobeurs, fleur composite d'une civilisation très avancée. Le peintre ressemble à la part masculine de ses modèles; il a leurs qualités et leurs défauts. Pour lui comme pour eux, la femme est de grande importance, et ce genre de femmes si spécial qu'il est unique, la Parisienne. Ils jouent avec elle, tantôt chasseurs, tantôt gibier, tantôt dupés, tantôt dupeurs, avec des airs de scepticisme blasé et un fonds irréductible de tendresse naïve.

Ces hommes et ces femmes continuent, avec le tour particulier de langage et de sentiments qu'ils doivent à leur époque, cette galanterie que l'élégance et l'esprit sauvent de la débauche, ces escarmouches où la sensualité se voile de délicatesse, ce jeu d'escrime amoureuse, où l'éternel instinct s'adoucit en curiosité et tourne sa brutalité en politesse, ce genre de conversation subtile et raffinée auquel Marivaux a donné son nom. Henri Meilhac est authentiquement le Marivaux du dix-neuvième, ou, du moins, la moitié, son collaborateur Ludovic Halévy formant l'autre. Je n'ai pas ici à rechercher ce qui, dans le fond commun, revient à chacun d'eux, mais quoique, dans la dernière part de sa vie, Meilhac ait rompu la collaboration, Meilhac et Halévy resteront inséparables pour la postérité. Le talent composite et charmant qui s'affirmait en 1865 avec la *Belle Hélène* et, avec la *Roussotte*, en 1881, donnait son dernier fruit, est le marivaudage de notre siècle. Je continue à dire Meilhac pour la commodité de l'écriture, mais entendez Meilhac et Halévy.

Comme l'auteur de l'*Homère* et du *Télémaque* travestis, de *Pharsamon* et du *Don Quichotte moderne*, les auteurs de la *Belle Hélène*, de *Barbe-Bleue*, de la *Grande Duchesse* et des *Brigands* ont commencé par parodier la mythologie, l'antiquité, les légendes du moyen-âge et l'héroïsme emphatique. Ils sont essentiellement des modernes et ils sacrifient la superstition du passé à l'amour de leur temps. En poussant ce parallèle, on trouverait, entre l'œuvre de Meilhac et la partie la moins connue de celle de Marivaux, des analogies bien curieuses, quoique Meilhac, s'il a bien lu et connu le Marivaux du *Jeu de l'amour et du hasard* et des *Fausses confidences,* ait probablement ignoré celui qui, ami de Fontenelle et de La Motte, s'acharnait contre les idoles classiques ou romanesques, avec, — il importe de le dire, — beaucoup moins d'esprit et de succès que Meilhac n'en aura plus tard.

A l'imitation respectueuse du passé, Meilhac substitue, comme Marivaux, l'étude complaisante de la vie contemporaine, et surtout d'une part de cette vie, la galanterie mondaine, allant du caprice à la passion, s'arrêtant de préférence à l'amour tempéré. Mais, de même que Marivaux faisait vibrer une passion sincère dans plusieurs scènes de ses deux chefs-d'œuvre et, ça et là, montrait la souffrance dans l'amour, Meilhac, allant beaucoup plus loin, abordait franchement dans *Froufrou*, son chef-d'œuvre, l'amour qui brise les cœurs et traîne à sa suite la mort.

L'analogie s'arrête là, car Meilhac dépasse de plus en plus Marivaux. Avec le *Réveillon*, le *Roi Candaule*, la *Petite marquise*, la *Mi-Carême*, la *Boule*, le *Mari de la Débutante*, il pousse la peinture ironique des mœurs contemporaines avec une hardiesse, une verve et une liberté dont les salons du dix-huitième siècle n'offraient pas encore les modèles. Pour trouver, dans l'ancien théâtre, une ressemblance avec cette part du théâtre de Meilhac, à Marivaux il faudrait joindre Dancourt, l'auteur du *Chevalier à la mode*, des *Bourgeoises de qualité*, des *Vendanges de Suresnes* et de la *Comédie des comédiens*.

Dans cette comparaison, l'avantage resterait encore à Meilhac. S'il a plus de force comique et d'invention que Marivaux, il a plus de finesse et de goût que Dancourt, surtout plus d'art et de style. Marivaux n'a guère peint que le grand monde et Dancourt que le petit monde. Meilhac est allé de l'un à l'autre, en réservant une large place au monde intermédiaire, qui comprend le demi-monde, les comédiens et les habitués de coulisses, les viveurs jeunes et vieux, tous galants, les uns par sensualité et amour-propre, les autres avec une pointe d'attendrissement sénile.

La légèreté et la rouerie de la femme, la fatuité et la sottise de l'homme, le contraste entre le sérieux des attitudes et le comique des actes, une moquerie tempérée d'indulgence et une malignité adoucie par la bonhomie forment les sujets et le genre d'observation propres à Meilhac. Là est son originalité, bien à lui, unique et incomparable. Dans ce domaine restreint, il est maître.

Comme ses sujets et son observation, sa langue est à lui. Il parle le meilleur français de Paris, le plus alerte, le plus souple et le plus fin, le plus semblable à la conversation courante et le plus personnel, à la fois copié et créé, avec ce relief scénique et cette concentration expressive qui font un style de théâtre.

Il y a peu d'honnêtes femmes dans l'œuvre de Meilhac, sans doute parce qu'elles sont en minorité dans la part restreinte de la société parisienne à laquelle il bornait son observation. Mais si la vertu manque à ce théâtre, la bonté s'y trouve et c'est aux hommes que l'auteur confie le soin de la représenter. Avec l'âge, ses viveurs sceptiques deviennent indulgents et presque bienfaisants. Ils ne s'indignent pas d'être dupes; ils constatent leur infortune avec

un sourire et ne se vengent pas. Le scepticisme les
a conduits à l'indulgence et la sensualité à la tendresse. Qu'il y ait une forte part d'égoïsme dans ce
genre de bonté, cela ne fait pas de doute, mais il
faut savoir gré à celui qui, assez clairvoyant et assez
bien armé pour être méchant, préfère être bon et
épargne la souffrance à autrui, ne fût-ce que pour
ménager sa propre tranquillité.

Cette disposition sentimentale résultait si naturellement chez Meilhac de l'expérience que, déjà
très marquée dans l'*Été de la Saint-Martin,* elle s'accuse de plus en plus à mesure qu'il avance dans sa
carrière et que, lorsqu'il travaille seul, ce que l'on
pourrait appeler le bon viveur est son personnage
de prédilection. Il l'a peint avec une complai-
sance particulière dans une de ses dernières
pièces, *Margot;* en réunissant les traits épars
dans la partie de son théâtre qui va de 1881 à sa
mort, on aurait tous les éléments d'un type neuf et
vrai. Lorsqu'il mourut, l'été dernier, après une
maladie où cet épicurien s'était montré ironique,
doux et brave devant la mort, un de ses derniers
mots a permis de voir dans ce type une part de
lui-même. Jusqu'au bout, il a été indulgent avec les
femmes, dupe avec clairvoyance, et il n'a pris d'elles
d'autre revanche que celle de l'esprit.

Artiste exquis comme Meilhac, Alphonse Daudet fut une intelligence autrement haute. Il ne borna pas son observation à un coin restreint de la société et des mœurs; il ne concentra pas son intérêt sur une forme de sentiment où l'égoïsme a tant de place, apparente ou cachée. Puis, le roman est un genre plus large et plus souple que le théâtre. Entre ceux qui ont recueilli l'héritage du grand Balzac, Daudet fut certainement le plus digne du maître, plus fécond que Flaubert, moins lourd que Zola, moins artificiel que les frères de Goncourt, égal au meilleur de ses amis dans le détail de son œuvre, supérieur à eux tous dans l'ensemble.

Il s'est raconté volontiers, directement ou indirectement, tantôt transposant son expérience personnelle pour en faire un des éléments, reconnaissable et transformé, de ses créations, tantôt procédant par franche autobiographie et écrivant des fragments de mémoire. Ici et là, il se servait ou parlait de lui-même avec une franchise et une clairvoyance également rares. Il a bien vu que les deux éléments de sa nature étaient la sensibilité et la curiosité, traduits par l'union de l'ironie et de la tendresse. Il fondait les résultats de son émotion et de son observation dans un style où trouvaient place les incontestables qualités que la littérature française doit au naturalisme et qui en évitait les fâcheux défauts. Son œuvre est pittoresque, colorée et vibrante ; elle n'est ni lourde, ni grossière, ni factice. Ce talent est un des plus clairs et des mieux équilibrés de ce siècle.

Provençal, Daudet a fait passer dans le français les couleurs, les senteurs et l'atmosphère de sa terre natale, mais il s'est préservé du provincialisme étroit par son amour profond et sa pratique étendue de la vie parisienne. Il a revêtu ses impressions d'enfance et de jeunesse du plus pur français qui se soit écrit au nord de la Loire. A Paris, il a connu le peuple et il y a, dans ses *Contes du Lundi* et ses *Lettres à un absent,* un Arthur et un Bélisaire qui resteront parmi les plus franches et les plus pénétrantes études de faubouriens. Mêlé aux artistes, il a pris chez eux son œuvre la plus forte, *Sapho.* Marié dans la bourgeoisie, il a emprunté aux mœurs bourgeoises ce chef-d'œuvre, *Fromont jeune et Risler aîné.* Secrétaire de Morny et ami de Gambetta, il a saisi le monde politique du second Empire et de la troisième République dans le *Nabab* et *Numa Roumestan.* Parisien du boulevard, il a vu la triste fête et l'infortune sans noblesse des *Rois en exil.* Plus profondément ému par la souffrance d'autrui que par la sienne propre, qu'il voilait de gaieté, d'espérance et d'ironie, l'auteur du *Petit Chose* est aussi l'auteur de *Jack,* de l'*Évangéliste* et de la *Petite paroisse.*

Provençal ou parisien, Daudet doit en partie à son origine, en partie à son expérience les types qu'il a créés avec une vérité et une puissance supérieures. Il est le père de Tartarin, de Sidonie, de Delobelle, de tante Portal, d'Amaury d'Argenton. Il mérite le mot glorieux qui fut appliqué à Balzac : il a fait concurrence à l'état-civil. Ces êtres continuent à vivre parmi nous, avec une plénitude, un relief, une fermeté d'évocation et de comparaison, qui sont le plus haut degré de la création littéraire.

C'est que Daudet avait une philosophie, des idées générales, une conception de la vie. Il lui suffisait de les appliquer comme des moules à la matière diffuse que lui offrait l'observation pour en tirer des reliefs énergiques, aux traits nets et frappants. Il lui suffisait de prêter son âme à ses personnages pour leur donner une vie intense. Dans les purs miroirs qu'il offrait à son temps, les physionomies innombrables et confuses de la foule se concentraient en images lumineuses. Il n'a pas fait de métaphysique dans le roman et il a eu bien raison, mais pour savoir combien il avait réfléchi sur le sens de la vie, le bien et le mal, la bonté et la méchanceté, le bonheur et le malheur, pour apprécier l'idée qu'il se faisait de la loi de souffrance imposée à l'humanité et du devoir de pitié qui l'allège, il suffit de lire l'étude si clairvoyante dans son émotion, que son fils Léon vient de lui consacrer.

Cette loi de souffrance s'est cruellement exercée sur lui. Atteint de bonne heure d'un mal terrible entre tous, celui qui frappe l'homme au siège même de la sensibilité, il lui a dû la noblesse du martyre supporté avec une vaillance stoïque. Si, peu à peu, ce mal rendait la production de l'écrivain difficile et restreinte, la même sensibilité, qui s'est pour lui tournée en torture, avait commencé par mettre dans son talent une émotion que, sans la souffrance, il n'aurait pas éprouvée et communiquée à ce degré.

Après une courte période de pauvreté humiliée, le petit maître d'études du collège d'Alais avait connu la vie facile et brillante. Remarquablement beau, avec une finesse sarrazine du visage et du corps, passionné de vie, de sensation et de mouvement, poète charmeur, causeur délicieux, ami très aimé, il avait traversé tous les mondes parisiens, éprouvant et observant, jetant sa fantaisie aux vents qui soufflent de bohême et retrempant son amour de la nature dans les retraites fréquentes sur les collines de Provence ou à bord des bateaux corses. Puis, le mariage avait assis son existence, et, aussitôt après la guerre de 1870, où il avait regardé en face le danger et la mort, épreuve suprême qui ajoute quelque chose à tous les hommes, il était entré dans la célébrité. A quarante ans, il était un maître des lettres françaises.

C'est à ce moment, en plein succès, entre *Sapho* et l'*Immortel*, que la maladie était venue le saisir d'une étreinte lentement resserrée, tenace et implacable, l'arrêtant en plein essor, restreignant chaque jour le cercle de son activité physique, raccourcissant sa lourde chaîne, le clouant enfin sur le fauteuil, qu'il ne pouvait plus quitter sans le secours d'un bras ami. Il a supporté cette terrible épreuve avec héroïsme. Elle ne l'a pas aigri ; elle ne lui a causé ni révolte ni impatience ; elle n'a fait que développer en lui le sens de la pitié, le respect de la souffrance chez autrui, le désir de le soulager par sa parole, ses livres, son appui.

Je l'ai connu dans cette période de sa vie. Je le voyais, à Paris, dans cet appartement de la rue Bellechasse, — qu'il a quitté seulement pour aller mourir rue de l'Université, — où Mme Alphonse Daudet, compagne dévouée de l'homme et collaboratrice discrète de l'écrivain, talent exquis et cœur délicat, ajoutait le charme de la femme à celui du maître écrivain, où il voyait son fils Léon affirmer un talent si différent du sien et égal à son nom, où un plus jeune fils et une toute jeune fille l'entouraient d'affection, où un cercle d'amis choisis et nombreux l'entouraient chaque jeudi, où il se faisait tout à tous et à chacun, où il marquait ses affections de nuances si délicates. J'étais son voisin de campagne et, l'été, je le retrouvais à Champrosay, au bord de la Seine, dans le beau parc qu'il parcourait à petits pas tremblants, aux bras de ses fils, sur la terrasse où, frileusement embossé dans une guérite d'osier, il regardait le soleil se coucher sur cette vallée radieuse, dont il sentait le charme depuis trente ans, plus vivement à chaque saison.

Ces deux asiles sont au nombre de ceux où reviendra toujours mon souvenir reconnaissant. Je souhaite avoir mis dans ces courtes pages un peu de l'affection et de l'admiration que j'ai éprouvées près d'Alphonse Daudet.

Gustave LARROUMET,
de l'Institut.

NOTULES NÉCROLOGIQUES

Comme complément à la nécrologie de l'année
1897, il convient de consacrer, en témoi-
gnage de pieux souvenir, sinon une véritable
notice biographique, tout au moins une modeste
notule à quatre autres disparus, dont les noms
méritent, à des titres divers, d'être conservés dans
le petit monde de la Bibliophilie.

M. le Dʳ Abel Giraudeau comptait, depuis plus
de trente ans, parmi les plus fervents adeptes de la
noble passion des beaux et bons livres. Ses visites
assidues à l'Hôtel Drouot et aux officines des grands
libraires le mirent à même de se former rapidement
une remarquable bibliothèque. On cite de lui d'heureuses trouvailles : son coup de maître, à cet égard,
fut l'achat du *Gil Blas* (sur Chine), de 1835, qu'il
sut dénicher à la vente de Mᵐᵉ Blanc, vente où
figuraient en tout 5 ou 6 livres. Un chercheur si
habile, un si fin connaisseur, était amplement qua-
lifié pour participer à la fondation de la « Société
des Amis des Livres », où son rôle ne fut point
secondaire. En effet, indépendamment de sa collaboration aux *Annuaires* de l'association, il a pris part
à *Paris qui crie,* livre uniquement composé par les

Sociétaires ; il publia la *Dot de Suzette,* l'un des plus délicieux volumes de la Société ; enfin, il mena à bonne fin, de concert avec M. Paillet, le président des Cinquante, la publication du *Zadig,* considéré à bon droit comme le chef-d'œuvre de cette Académie livresque.

Dans un article ému (voir l'*Annuaire* de la Société pour 1898), son ami et collègue, M. Charles Grondard, a mis en relief la bonté, l'affabilité, la bonne grâce et toutes les qualités aimables de M. Abel Giraudeau. « Son caractère doux et contemplatif, dit l'écrivain, en avait fait un admirateur de Bernardin de Saint-Pierre, et sa bibliothèque renferme une très curieuse réunion de toutes les éditions de *Paul et Virginie.* »

M. Octave Mathevon, avocat à la Cour d'appel de Lyon, ancien bâtonnier, membre de la « Société des Bibliophiles Lyonnais », appartenait aux « Amis des Livres », comme membre correspondant, depuis l'année 1886. M. Charles Delafosse, son confrère au Barreau et son collègue en Bibliophilie, a, dans l'*Annuaire* précité, fait ressortir, comme il convenait, les mérites éminents de M. Octave Mathevon, de l'avocat qui fut à la fois un grand homme de bien et un remarquable orateur, *Vir bonus, dicendi peritus.* Aux occupations absorbantes du Palais,

M. O. Mathevon apportait le délassement incomparable que procure l'amour des livres. « Bibliophile
éclairé et convaincu, dit son biographe, il poursuivait les vieilles éditions précieuses de nos classiques.
Il recherchait en même temps les brillantes créations de la librairie moderne, ses papiers choisis,
ses caractères purs, ses illustrations originales et
variées. Et son goût délicat lui était un guide toujours sûr dans le choix qui s'impose à quiconque ne
se contente pas du simple rôle d'entasseur de livres ».

Notons, en passant, que la mort a été particulièrement inclémente, en 1897, pour la « Société
des Amis des Livres ». Elle l'a presque décimée, en
lui enlevant, coup sur coup, M. le duc d'Aumale,
MM. Henri Meilhac, Abel Giraudeau et Octave
Mathevon : de telle sorte que, des 50 Bibliophiles
qui l'organisèrent, voici dix-neuf ans, il n'existe
plus présentement que 21 membres fondateurs.

M. Alfred Piat, ancien notaire à Paris, pris, un
peu sur le tard, de la passion livresque, se rattrapa,
jusque vers ses 80 ans, du temps qu'il pensait avoir
perdu. Une fortune considérable lui permettait de
satisfaire ses vastes appétits de collectionneur
polymorphe, car il fut « bibelotier » autant que
bibliophile, — à la manière du célèbre Boulard,
toutes proportions gardées. Il achetait, achetait sans

cesse ; des langues malicieuses prétendent qu'il tenait moins au choix qu'au nombre ; elles sembleraient avoir raison, du moins en partie, si l'on en juge par les milliers d'ouvrages consignés aux catalogues de son immense bibliothèque, qui renferme, d'ailleurs, de fort bonnes choses.

M. Alfred Piat, qui était naturellement fort apprécié par les bibliophiles, fut un des plus zélés fondateurs de la « Société des Bibliophiles contemporains ». Il y remplit successivement les fonctions de secrétaire et de vice-président, et quand cette association décida de se dissoudre, ce fut lui qui présida à sa liquidation.

Désespéré de cette désagrégation volontaire, M. Alfred Piat entreprit d'instituer une autre société, — « Les Cent Bibliophiles », — présidée actuellement par M. Rodrigues. L'illustration de son premier ouvrage, — *Les Fleurs du Mal*, — dirigée par le Président-fondateur, n'ayant pas, dit-on, répondu aux espérances des sociétaires, — M. Piat se consola en achetant encore, et c'est ainsi qu'il a laissé, outre la réputation d'un brave homme, une des bibliothèques les plus volumineuses et les plus variées qui aient été formées de nos jours.

M. Léon Conquet, décédé, le 17 décembre dernier, âgé de 50 ans à peine, demeurera comme une

des plus importantes et intéressantes figures qui
aient illustré la librairie de ce temps. Ce n'est
point en quelques lignes que l'on peut retracer
l'œuvre considérable à laquelle il s'était attaché et
qu'il a su accomplir; ici, du reste, il n'est besoin
que d'évoquer son souvenir, en empruntant les
notes succinctes qui suivent aux notices que MM.
Pierre Dauze et Georges Vicaire lui ont consacrées
dans la « Revue Biblio-Iconographique » et dans le
« Bulletin du Bibliophile ». Voici comment le premier de ses biographes caractérise l'évolution capitale opérée par lui dans la librairie de luxe : « Avant
Conquet, plus d'un de ses confrères avait des livres
de bibliophilie ou de bibliographie. Mais leur effort
portait, la plupart du temps, sur des ouvrages spé-
ciaux ou sur des réimpressions. Conquet est le premier qui ait entrepris, dans notre siècle, en tant que
libraire détaillant, l'édition de luxe proprement
dite. Son intelligente initiative, grâce à l'amicale
clientèle qu'il avait eu le soin et la sagesse de grouper autour de lui au préalable, lui réussit au point
de vue commercial. On peut ajouter qu'elle ne fut
pas moins heureuse pour le bien de l'art. Sans que
les publications éditées par ses soins soient exemptes
de défauts, on reconnaîtra que toutes sont marquées
au coin du bon goût ». On ne pouvait mieux dire,

et cette appréciation sera partagée par tous les fins bibliophiles qui possèdent ou connaissent les 80 publications, si gracieuses et si belles, faites par Conquet, de 1876 à 1897, et dont on trouvera la description dans le « Bulletin du Bibliophile ».

Non content de connaître à fond les livres, M. Léon Conquet les aimait pour eux-mêmes et s'était formé une bibliothèque personnelle fort remarquable. Elle se compose, pour la plus grande partie, d'un choix de livres qu'il avait édités, livres triés parmi les exemplaires les plus purs, enrichis d'aquarelles, de dessins originaux, d'états particuliers, d'illustrations, d'autographes et revêtus de reliures somptueuses exécutées par les premiers artistes.

. A ses mérites professionnels, M. Léon Conquet joignait les plus estimables qualités personnelles; aussi est-il bien sincèrement regretté des Bibliophiles, ses amis, qui furent à même d'apprécier sa franchise, sa loyauté, son désintéressement et particulièrement sa rare modestie.

F. D.

DU MARBRE POUR VIGNY

L y a cent ans, dans la petite ville de Loches, ce poète commença le songe méditatif que fut sa vie. Quand il l'acheva, voici bientôt trente-quatre ans, nous le sûmes à peine ; pourtant nous l'aimions déjà, sur les bancs du collège, comme un des meilleurs maîtres à rêver. Depuis longtemps il ne communiquait plus ses visions, son silence avait anticipé la mort.

Sa voix pure et voilée est ressortie plus sonore de la tombe ; elle appelle, de toutes parts, les âmes viennent. La gloire discrète de Vigny monte, grandit, rayonne. Le mince croissant, noyé dans les brumes du crépuscule, n'apparaissait naguère qu'aux regards habitués à le chercher ; à mesure que la nuit s'est faite plus noire, on a vu ce qu'il reflétait de lumière ; l'orbe s'est révélé tout entier, il brille au zénith, illuminant l'espace ; sa clarté pensive enchante le monde harmonieux de l'ombre.

Ce lent et sûr déploiement de sa renommée, Vigny l'avait prévu, décrit, avec un espoir tranquille, dans la belle allégorie de *La Bouteille à la mer*. La prédiction qu'il faisait à son œuvre s'est réalisée :

Jetons l'œuvre à la mer, la mer des multitudes :
Dieu la prendra du doigt pour la conduire au port.

Comme son capitaine, qui périssait en confiant
aux vagues le journal de la découverte, il peut
saluer « les jours de l'avenir qui pour lui sont
venus » ; il a sa revanche, celle qu'il promettait au
marin naufragé : « Lis ce mot sur les murs : Com-
mémoration! » Le jubilé du Centenaire a rassemblé
tous ceux qui ont voué à cette mémoire un atta-
chement religieux. Ils se sont abstraits pendant
quelques heures du tintamarre où notre temps
s'étourdit, des fièvres folles où il se consume. Ils
sont nombreux : les vieux fidèles, qui cheminèrent
toute leur vie avec ce grand compagnon, qui retrou-
vent dans chacun de ses vers le retentissement des
émotions anciennes ; la foule des jeunes disciples,
les générations nouvelles éprises d'art et de pensée,
ce « flot d'amis renaissants » que Vigny convoquait
dans son poème testamentaire, *L'Esprit pur*, et dont
il attendait la visite « de dix en dix années » ; enfin
les fils du pays de Loire, qui reconnaissent la douce
figure de leur Touraine dans l'admirable paysage
gravé au frontispice de *Cinq-Mars*. L'Association
bretonne-angevine a pris l'initiative qui lui appartenait, elle a groupé les fervents du culte dans un
Comité. Il demande du marbre pour Vigny. Nous
lui donnerons ce marbre ; on ne le choisira jamais
assez rare, assez pur, assez solide, le bloc où l'on

taillera le front d'où s'envolèrent *Les Destinées*.

Quand le dévoué président de l'Association, M. Léon Séché, m'entretint de son projet, des doutes me vinrent d'abord. Convenait-il de troubler l'ombre dédaigneuse dans la « sainte solitude » où sa fierté se réfugia ? Fallait-il la jeter dans cette course banale au monument, qui est trop souvent une mendicité d'outre-tombe, une mutualité du cabotinage où morts et vivants se font la courte échelle, ceux-ci se hissant un instant sur les socles où ils jucheront ceux-là ? Le comte de Vigny n'eût-il pas souri de se voir classé sur le tableau hiérarchique des candidats au bronze national ?

Je fis réflexion qu'il doit y avoir des statues, puisqu'il y a des statuaires pour les sculpter, des orateurs pour les haranguer, des ministres pour les inaugurer ; bref, un grand nombre d'industries funéraires que cet article fait vivre. Et puisqu'il y a des statues, Vigny doit réclamer au moins un buste, à l'usage de ceux qui ne l'ont pas lu ; ils prendront du respect pour lui, lorsqu'ils le verront admis en bonne compagnie, dans un square, vis-à-vis de quelque ancien député, avec la haute approbation de l'État. Soyons indulgents à cette forme persistante de l'idolâtrie ; tournons-la à la gloire des vrais dieux. Si peu de goût qu'on ait pour ces manifestations, il faut toujours témoigner de sa foi, de son amour; je viens m'associer à cette demande d'un marbre pour le cher poète, pour l'un des grands aumôniers qui surent le mieux ennoblir nos joies et secourir nos misères.

Je ne répéterai pas ici ce que je disais ailleurs, ce que tant d'autres ont mieux dit, au temps déjà lointain où nous faisions campagne pour ce mort qui ressuscitait. Il est debout, bien vivant; il n'a plus besoin de serviteurs qui délient ses bandelettes. Tout récemment encore, à propos des aimables lettres à la petite cousine, M. Jules Lemaître montrait comment Vigny sort grandi de la plus redoutable épreuve, la publication posthume d'une correspondance intime. Il y garde cette physionomie à part qui fut en tout la sienne dans la poésie, dans le roman, au théâtre même. D'autres ont traversé le siècle d'un pas plus retentissant et plus assuré; nul n'y a glissé d'un mouvement aussi noble, aussi harmonieux.

Peut-être survivra-t-il à des rivaux qui dominèrent plus complètement leur époque, parce qu'il fut de cette époque sans excès, avec mesure, je dirais avec goût, si le mot n'était comme la chose injustement démodé. Sa fine complexion répugna toujours au cri violent, au geste outré, à tout ce qui donne l'illusion de la force chez l'enfant et chez le vieillard, chez le sauvage et chez l'extrême civilisé. A ces deux bouts de la chaîne, on ne se persuadera jamais que la vibration de l'être humain est d'autant plus profonde, d'autant plus intense, qu'elle est plus contenue. Sans éclats de voix, sans effets de muscles, des passions plus énergiques que les nôtres brûlent et pleurent dans un vers de Racine ou de Molière. Vigny sentait et se commandait comme eux.

Il a connu et médité tous les problèmes, toutes les angoisses de son siècle; il a tout ramené du particulier au général et à l'universel. Romantique de la première heure, il s'est gardé mieux que tout autre des exagérations caricaturales du romantisme; et plus tard, alors que ses compagnons de route s'affaissaient ou continuaient la chanson vieillie, Vigny s'est renouvelé; il nous a jeté de son lit de mort ces *Poèmes posthumes* qui ne datent plus d'aucun temps, qui seront de tous les temps, parce qu'il y revêtit d'une forme sobre un fonds d'idées éternelles. On a justement reproché à ses vers les défaillances fréquentes de la forme, cette allure faible et touchante d'aigle blessé, qui se traîne longtemps à terre, se relève d'un grand coup d'aile, et retombe, impuissant à poursuivre son vol. Qui sait si le vêtement lâche, retenu çà et là par une agrafe de diamant, ne résistera pas plus longtemps que des tissus plus somptueux, mieux ajustés ? Il ne passera pas de mode, il habille à peine des pensées qui durent. Sainte-Beuve — et ceci est bien fait pour rendre la critique modeste — appela *Les Destinées* « des poésies de déclin ». Aujourd'hui, nous ne relisons *Moïse* ou *Eloa* que pour y retrouver en germe la haute et sombre fleur épanouie dans *la Maison du berger*, *la Mort du loup*, *le Mont des Oliviers*.

Philosophe, Vigny a marqué d'un trait définitif la grande décevance des philosophies, il a plaint l'esclavage de l'homme sous cette puissance nommée par les anciens Fatalité, baptisée par d'autres la Grâce; sœurs aux noms différents, dont le poète découvre l'étroite parenté. Soldat, il a discerné les difficultés du problème militaire dans la société moderne, il en a pressenti la solution future, la fusion morale de l'armée avec la nation; mais il a vu tout ce que l'armée perdrait de force et de beauté à cette évolution nécessaire. Nous ne faisons, depuis vingt ans, qu'appliquer les préceptes développés dans ce chef-d'œuvre, *Servitude et Grandeur militaires*. Spectateur du manège politique, il n'a pas daigné s'y commettre; il professait que le poète doit jeter à la foule les idées directrices, et laisser à d'autres le soin de les mettre en œuvre.

A-t-il trop sévèrement jugé ces choses vaines ? Relisez ce poème des *Oracles*, qu'il faudrait graver sur les murs de toutes nos maisons délibérantes. Datent-ils de quarante ans, ces vers ?

> Toute démocratie est un désert de sables ;
> Il y fallait bâtir, si vous l'eussiez compris.
> Ce n'était pas assez d'y dresser quelques tentes
> Pour un tournoi d'intrigue et de manœuvres lentes
> Que le souffle de flamme un matin a surpris.

Ce gentilhomme hautain a ressenti et exprimé la pitié humaine ; non pas la sensiblerie révolutionnaire, pleurarde, à fleur de peau, qui déborde chez la plupart de ses émules en romantisme ; mais la pitié universelle et réfléchie du prophète.

> J'aime la majesté des souffrances humaines.

Artiste, il a placé son art au-dessus de tout, il n'a cessé de dire et de montrer par l'exemple comment l'homme élu pour cette dure tâche y devait subordonner toute sa vie ; mais il n'entendait point par là une recherche maladive du mot rare, de la chinoiserie singulière ; quand Vigny s'épuisait de veilles, il poursuivait des idées, et non des mots. Symboliste perpétuel, comme tous les vrais poètes d'ailleurs, il ne voyait dans l'apparence des choses que l'enveloppe de ces idées générales ; elles vivaient d'une vie abstraite devant ses yeux, obsédantes, errantes à

toute heure sur les châtaigneraies et les prairies du
Maine-Giraud. « L'Idée est tout. Le nom propre
n'est rien que l'exemple et la preuve de l'Idée »,
écrivait-il déjà dans la préface de *Cinq-Mars*. Il le
dira de cent façons différentes, à chaque page de
son œuvre, il le redira dans ses dernières lettres à
la cousine : « Il y a sur mon caractère une double
enveloppe de taciturnité qui fait que j'aime à parler
des idées et des sentiments, jamais des personnes ».

Homme enfin, sujet aux passions, aux colères,
ému des ivresses de l'amour ou souffrant de ses tor-
tures, il en ramène presque toujours l'expression à
ce qu'il y a d'humanité totale dans son cas particulier. Il refrène le *moi* absorbant de ses frères roman-
tiques, il dissimule ses pleurs en les versant dans
l'océan des larmes humaines. Deux fois seulement,
son cœur s'est trahi par un accent individuel : dans
la plainte amère de *la Colère de Samson,* après l'affreuse
trahison ; dans l'ineffable tendresse qui baigne quelques strophes de *la Maison du berger.* Partout ailleurs,
son expérience personnelle est transposée sur des
thèmes collectifs, ses aveux se bornent à ceci : Nous
aimons, nous souffrons ainsi, nous tous, les hommes.

Et notre pauvre Vigny fut homme, au plus haut,
au plus misérable degré. C'est le bien mal connaître
que de voir en lui je ne sais quel froid pessi-

miste, toujours retranché dans cette tour d'ivoire dont on a tant abusé. « Je vis dans le feu comme une salamandre », dit-il, en un fragment du *Journal d'un poète* ; et « l'état perpétuellement troublé de son cœur » nous est révélé par celui de ses biographes qui l'a le mieux aimé, partant le mieux compris. Le *Journal* et les *Lettres* ont laissé entrevoir le long martyre de sa vieillesse, si stoïquement supporté : cette vie méritoire de garde-malade auprès d'une femme à laquelle il était d'autant plus dévoué qu'il lui avait été moins fidèle.

Il existerait d'autre part, dit-on, une correspondance où Vigny se montre terriblement homme, avec la bête cachée dans l'ange. Puisse-t-elle échapper toujours aux malfaiteurs qui violent les archives des morts, pareils aux pilleurs de cadavres dont on raconte qu'ils dévastent à cette heure les cimetières abandonnés de la Crète ! Mais si quelque industriel a le triste courage de cette publication criminelle, qu'est-ce que cela prouvera ? Que Vigny fut un homme comme nous tous, crucifié comme les autres par les faiblesses et les déchéances communes. On s'en doutait, j'imagine. Il n'en restera pas moins le fier poète qui déroba décemment ses misères à ses admirateurs, alors que tant d'autres exhibaient les leurs comme une parure de plus ; le stoïque soldat

qui ne dénoua jamais son armure sous le regard du
monde ennemi ; le cœur sauvage et naïf qui
n'épancha ses eaux troubles que dans le sein où il
croyait son secret en sûreté. Quoi qu'on publie
désormais, la figure est établie trop haut pour
descendre ; et nul ne regrettera d'avoir apporté sa
pierre au monument que nous demandons pour elle.

Il serait colossal, ce monument, si ceux-là vou-
laient tous concourir à l'élever qui ont une dette
envers le poète bienfaiteur. Acquittez-la, vous tous
qui avez appris de lui à mieux soutenir le choc dans
l'épreuve, comme il l'apprit lui-même du loup, le
soir de chasse où il songeait « sur son fusil sans
poudre », devant « la belle et sombre veuve », rece-
vant de ces animaux la suprême leçon : « Souffre
et meurs sans parler ». — Acquittez-la, vous aussi,
plus heureux, qui retrouvez entre les pages de *la
Maison du berger* quelque feuille jaunie des grands
bois ; des grands bois qui virent, à l'automne, aux
heures recueillies où l'on ouvre volontiers le livre
du poète, des yeux attendris s'animer sur les stances
à Éva, rêver avec elles devant « les grands pays
muets », trembler avec elles sur « l'amour taciturne
et toujours menacé ».

Oui, s'ils donnaient tous, le monument serait
colossal. Mais il ne faut pas qu'il le soit. On le

voudra semblable à l'œuvre du poète, léger de matière, comme cette œuvre, voilant comme elle le
noble visage sous les Idées, les Symboles, les Figures
spirituelles qui vivaient toujours présentes autour de
lui. On a choisi l'emplacement convenable, je crois,
dans ce pays de Loire dont Vigny goûtait le charme ;
à Tours, au jardin des Prébendes d'Oë, où il y a des
arbres, de l'eau, de la paix pour ce grand méditatif.
Mettons là ce marbre. J'ai dit pourquoi nous le
demandions. Oh ! que je l'ai peu et mal dit ! Si
vous voulez savoir combien Vigny le mérite, ne me
lisez pas, relisez-le. C'est ce que je viens de faire
une fois de plus, à la veille de son centenaire ; et
une fois de plus, j'ai senti comme il fallait l'aimer.

E.-M. DE VOGÜÉ,
de l'Académie française.

DEUXIÈME PARTIE

LISTES

DES

SOCIÉTÉS DE BIBLIOPHILES

SOCIÉTÉ

DES

·BIBLIOPHILES FRANÇOIS

FONDÉE EN 1820

Le chiffre des Membres est fixé par les Statuts à vingt-neuf.
(Le millésime inscrit à la suite de chaque nom indique l'année de
l'admission dans la Société).

PRÉSIDENT D'HONNEUR :

S. A. R. Mgr le Duc DE CHARTRES, 27, rue Jean-Goujon (1898).

PRÉSIDENT :

N... (1).

TRÉSORIER :

M. le Comte LANJUINAIS, 31, rue Cambon (1872).

SECRÉTAIRE :

M. le Comte DE LABORDE, 5, avenue du Trocadéro (1893).

MEMBRES :

M. le Vicomte F. DE JANZÉ, 12, rue de Marignan (1852).
Mme la Comtesse DE LA FERRONNAYS, 34, Cours-la-Reine
(1863).
M. le Duc DE FITZ-JAMES, 22, rue Fabert (1865).
M. le Marquis DE BIENCOURT, 65, rue de l'Université (1867).

(1) M. G. de Villeneuve, élu président de la Société en 1894, à la
suite de la démission du Baron Jérôme Pichon, est décédé le 22 mars 1898.

Mme la Marquise DE NADAILLAC, 18, rue Duphot (1870).

M. le Comte APPONYI, château de Lengyel (Tolna Negye) (Hongrie), (1874).

M. le Duc DE LA TRÉMOILLE, 4, avenue Gabriel (1876).

M. EMMANUEL BOCHER, 113, rue de Grenelle (1876).

M. le Baron ROGER PORTALIS, 123, avenue de Wagram (1880).

M. le Vicomte DE SAVIGNY DE MONCORPS, 6, avenue de l'Alma (1882).

M. le Prince DE BROGLIE, 48, rue de La Boëtie (1884).

M. GERMAIN BAPST, 4, rue Boissière (1885).

Mme la Marquise DE L'AIGLE, 12, rue d'Astorg (1886).

M. E. QUENTIN-BAUCHART, château de Villers-le-Sec, par Ribémont (Aisne), (1887).

M. le Comte FOY, 85, rue du Faubourg Saint-Honoré (1889).

M. le Duc DE RIVOLI, 8, rue Jean-Goujon (1889).

M. le Marquis DE BIRON, 27, rue de Constantine (1892).

M. le Baron DE VAUFRELAND, 8, rue Chateaubriand (1892).

M. le Comte DE CLAPIERS, 71, rue de Grenelle (1893).

M. le Comte DE LA BASSETIÈRE, 1, rue Godot-de-Mauroi (1895).

M. le Baron A. DE CLAYE, 52 bis, rue de Varenne (1896).

M. le Marquis DE LUPPÉ, 29, rue Barbet-de-Jouy (1897).

M. le Duc DE MONTESQUIOU-FEZENSAC, 5, rue de La Baume (1898).

Mme la Comtesse DE PARIS, château de Randan, par Randan (Puy-de-Dôme), (1898).

M. le Baron DE BARANTE, 22, rue du Général Foy (1898).

SOCIÉTÉ DES AMIS DES LIVRES

COMITÉ

PRÉSIDENT :

M. Eugène Paillet.

VICE-PRÉSIDENTS

M. Henri Béraldi.
M. Parran.

ARCHIVISTE-TRÉSORIER :

M. Armand Billard.

SECRÉTAIRE :

M. Alfred Bégis.

ASSESSEURS :

M. Henry Houssaye.
M. Charles Grondard.
M. Victor Mercier.

MEMBRES TITULAIRES :

Mme Adam (Juliette), boulevard Malesherbes, 190.

M. Arnal (Albert), avocat à la Cour d'appel, *fondateur*, rue de Ponthieu, 58.

M. Bapst (Germain), *fondateur*, rue Boissière, 4.

M. Barthou (Louis), Ministre de l'Intérieur, avenue d'Antin, 7.

M. Bégis (Alfred), avocat, *fondateur*, boulevard de Sébastopol, 16.

M. Béraldi (Henri), *fondateur*, avenue de Messine, 10.

M. Bessand (Charles Alloend), ancien président du Tribunal de commerce de la Seine, rue du Pont-Neuf, 2 *bis*.

M. Billard (Armand), ancien président de section au Tribunal de commerce de la Seine, *fondateur*, rue d'Assas, 88.

M. Bonaparte (S. A. I. le Prince Roland), avenue d'Iéna, 10.

M. Bormans (Paul van der Vrecken de), à Paris, rue de Saint-Pétersbourg, 7.

M. Brivois (Jules), *fondateur*, rue de Montpensier, 10.

M. Cherrier (Henri), notaire, *fondateur*, rue du Louvre, 44.

M. Christophle (Albert), député de l'Orne, avenue d'Iéna, 88.

M. Claye (le Baron A. de), rue de Varenne, 52.

M. Clément (Lucien), avocat, *fondateur*, avenue des Champs-Élysées, 21.

M. Collin (Émile), ingénieur, rue de Miromesnil, 49.

M. Delafosse (Charles), avocat, rue de Berlin, 45.

M. Déséglise (Victor), ancien membre du Tribunal de commerce de la Seine, *fondateur*, à Paris, rue de Rome, 39, et à Frapesle, près Issoudun (Indre).

M. Droin (Ernest), ancien président de section au Tribunal de commerce de la Seine, boulevard de Courcelles, 50.

M. Drujon (Fernand), chef de bureau à la Préfecture de police, *fondateur*, rue du Vieux-Colombier, 17.

M. Galichon (Roger), rue des Écuries-d'Artois, 29.

M. Gallimard (Paul), architecte, *fondateur*, rue St-Lazare, 79.

M. Gauthier (Ferdinand), *fondateur*, rue de La Boëtie, 19.

M. Girard (Antoine), boulevard Saint-Germain, 142.

M. Grondard (Charles), rue Legendre, 22 *ter*.

M. Hanotaux (Gabriel), de l'Académie française, Ministre des Affaires étrangères, boulevard Saint-Germain, 258.

M. Houssaye (Henry), de l'Académie française, avenue de Friedland, 39.

M. Lacombe (Paul), rue de Moscou, 5.

M. Laugel (Auguste), ingénieur des mines, *fondateur*, rue d'Anjou-Saint-Honoré, 12.

M. Lebeuf de Montgermont (le Comte Louis), rue de Varenne, 72.

M. Lemarchand (Charles), *fondateur*, rue Franklin, 7.

M. Lucas (Paul), rue Richepanse, 5.

M. Masson (Georges), membre de la Chambre de commerce, *fondateur*, boulevard Saint-Germain, 120.

M. Mercier (Victor), conseiller à la Cour d'appel de Paris, rue Volney, 1.

M. Ouachée (Charles), ancien président de section au Tribunal de commerce de la Seine, *fondateur*, rue du Faubourg-Saint-Honoré, 130.

M. Paillet (Eugène), conseiller à la Cour de Paris, *fondateur*, rue de Berlin, 40.

M. Parran (Alphonse), ingénieur en chef des Mines, rue des Saints-Pères, 56.

M. Piet (Alfred), avocat, *fondateur*, boulevard de la Madeleine, 17.

M. Portalis (le Baron Roger), *fondateur*, avenue de Wagram, 123.

M. Pougny (Ernest), rue de Monceau, 14.

M. Ribot (Henri), avenue d'Antin, 37.

M. Rivoli (Masséna, Duc de), rue Jean-Goujon, 8.

M. Robert (Nicolas-Éloi), ancien notaire, avenue d'Antin, 61.

M. Rodrigues (Eugène), avocat à la Cour d'appel, rue de Berlin, 40.

M. Savigny de Moncorps (le Vicomte de), avenue de l'Alma, 6.

M. Salvert-Bellenave (le Marquis Étienne de), Ingénieur de la marine, à Cherbourg (Manche).

M. Six-Deniers (Albert), chef de bureau à la Banque de France, *fondateur*, rue de Beaune, 6.

M. Solacroup (Émile), ingénieur en chef adjoint du chemin de fer d'Orléans, boulevard Malesherbes, 56.

M. Tricaud (Auguste), avoué au Tribunal civil, boulevard Poissonnière, 117.

M. Tual (Léon), commissaire-priseur, *fondateur,* rue de la Victoire, 56.

M. Vautier (A.), manufacturier, rue Ampère, 32, à Paris, et à Maubeuge (Nord).

M. Villebœuf (Paul), avoué près la Cour d'appel de Paris, rue Louis-le-Grand, 3.

MEMBRES HONORAIRES :

S. M. la Reine Élisabeth de Roumanie, à Bucarest.

M. Truchy (Émile), ancien président de section au Tribunal de Commerce de la Seine, rue Duphot, 9.

M. Truelle Saint-Evron, à Nantes (Loire-Inférieure), boulevard Saint-Agnan, 20.

MEMBRES CORRESPONDANTS :

M. Arbaud (Paul), à Aix (Bouches-du-Rhône), rue du Quatre-Septembre.

M. Ashbee (Henry-Spencer), 1, Colernarm street, city London, et à Paris, rue des Jeûneurs, 38.

M. Bibesco (le Prince Alexandre), rue de Courcelles, 69.

M. Bordes (Henri), quai Louis XVIII, à Bordeaux (Gironde).

M. Clapiers (le Comte Luc de), rue de Grenelle-Saint-Germain, 71.

M. Claretie (Jules), de l'Académie française, administrateur général du Théâtre-Français, rue de Douai, 10.

M. Descamps-Scrive (R.), boulevard Vauban, 23, à Lille (Nord).

M. Destombes (Pierre), boulevard de Cambrai, 47, à Roubaix (Nord).

M. Dupuich (Georges), rue Fénelon, 7.

M. Giraudeau (Léon), agent de change, à Paris, rue Laffitte, 36.

M. Hoé (Robert), ancien président du Grolier club, à New-York, 504, Grand St.

M. Huvé (Jules), à Montmorency (Seine-et-Oise), et à Paris, avenue Victor Hugo, 132.

M. Lachenal, ancien Président de la Confédération Suisse, à Berne (Suisse).

M. Manchon, ancien notaire, rue du Rocher, 56.

M. Matty-Hutchinson, rue de la Renaissance, 3.

M. Montozon (G. de), rue Lincoln, 10.

M. Morizet, notaire à Reims (Marne).

M. Paillet (Jean), avocat à la Cour d'appel, rue de Saint-Pétersbourg, 2.

M. Raisin, avocat du Consulat général de France, rue du Rhône, 30, à Genève (Suisse).

M. Robert (Julien), à Font-Lade, par Brignoles (Var).

M. Sarcey (Francisque), homme de lettres, rue de Douai, 59.

M. Silvestre de Sacy (Jules), rue d'Angivilliers, 2 *bis*, à Versailles (Seine-et-Oise).

Mme Terah-Haggin, 5e avenue, 28, à New-York, et à Paris, chez Kane et Co, banquiers, 19, rue Scribe.

M. Werlé (le Comte Alfred), à Reims (Marne).

LES CENT BIBLIOPHILES

SOCIÉTAIRES :

M. ADAM (Georges), 67, rue de Monceau, Paris.

M. AIGLE (le Marquis DE L'), 12, rue d'Astorg, Paris.

M. ARBAUD (Paul), rue du Quatre-Septembre, Aix-en-Provence.

M. ARTUS (Louis), 105, boulevard Haussmann, Paris.

M. BALP (Paul), 21, rue de Suresnes, Garches (Seine-et-Oise).

M. BELLEMAIN (André), 148, rue de Vendôme, Lyon.

M. BÉRALDI (Henri), 10, avenue de Messine, Paris.

M. BERGE (Jules), 60, rue de la Victoire, Paris.

M. BESNUS (Paul), 36, rue Petit, Saint-Denis (Seine).

M. BILLARD (Armand), 88, rue d'Assas, Paris.

M. BLONDEAU (Paul), 79, rue Perronet, Neuilly-sur-Seine.

M. BONAPARTE (S. A. I. le Prince Roland), 10, avenue d'Iéna, Paris.

M. BORDEREL (Jean), 81, rue Saint-Lazare, Paris.

M. BORDES (Adolphe), 68, rue Pierre-Charron, Paris.

M. BORMANS (Paul van der Vrecken DE), 7, rue de Saint-Pétersbourg, Paris.

M. BOURDERY (Louis), à Bourganeuf (Creuse).

M. BOYER (Édouard), 33, rue Rémilly, Versailles.

M. BRENOT (Paul), 22, rue du Général-Foy, Paris.

M. BRIVOIS (Jules), 10, rue de Montpensier, Paris.

M. BRUN (E.-Irénée), 42, rue de la République, Lyon.

M. CASTRO-MAYA (Raymundo DE), 43, rue Boissière, Paris.

M. CHAUVET (Charles), 31, quai Saint-Vincent, Lyon.

M. CLAUDE-LAFONTAINE (Raymond), 7, rue de la Tour-des-Dames, Paris.

M. CLERMONT (Paul), 8, rue Thiac, Bordeaux.

M. COLLET (Émile), 24, avenue de l'Opéra, Paris.

M. COMTE (Jules), 144, avenue des Champs-Élysées, Paris.

M. CORCELLE (François DE), 118, faubourg Saint-Honoré, Paris.

M. CORNIL (André-Victor), 19, rue Saint-Guillaume, Paris.

M. COSTE (G.), 17, rue de Palais, Montpellier.

M. DAUZE (Pierre), 9, faubourg Poissonnière, Paris.

M. DEHAITRE (Fernand), 6, rue d'Oran, Paris.

M. DESCAMPS-SCRIVE (R.), 23, boulevard Vauban, Lille.

M. DÉSÉGLISE (Victor), Frapesle, près Issoudun (Indre).

M. DOBY (Auguste), 24, rue Saint-Roch, Paris.

M. DROIN (Ernest), 50, boulevard de Courcelles, Páris.

M. DUBOIS (H.), 66, rue de l'Hôpital-Militaire, Lille.

M. DUPONT (Louis), 19, rue des Trois-Bornes, Paris.

M. DURAND (Armand), 34, boulevard Malesherbes, Paris.

M. ESNEVAL (le Baron D'), 29, rue Saint-Guillaume, Paris.

M. EUDEL (Paul), 9, rue Victor-Massé, Paris.

M. FOURNIER (Alfred), 1, rue Volney, Paris.

M. GADALA (Charles), 21, boulevard Poissonnière, Paris.

M. GALICHON (Roger), 29, rue des Écuries-d'Artois, Paris.

M. GARNIER (Remy), 20, rue de Sèvres, Boulogne (Seine).

M. GIRARD (Antoine), 142, boulevard Saint-Germain, Paris.

M. GIRARD (Max), 2, rue Rossini, Paris.

M. GIRAUDEAU (Léon), 36, rue Laffitte, Paris.

M. GOUBERT (Émile), 6, rue Baudin, Paris.

M. GUILLON (Léon), 7, rue Choron, Paris.

M. HETTIER (Charles), 27, rue Guilbert, Lyon.

M. HIRSCH (Henry), Douai (Nord).

M. HORNUNG (Albert), 29, Grand-Faubourg, Chartres.

M. HUVÉ (Jules), 132, avenue Victor-Hugo, Paris.

M. JACOB (Eugène-Amédée), Angerville (Seine-et-Oise).

M. LACHENAL (Adrien), Berne (Suisse).

M. LACOMBE (Paul), 5, rue de Moscou, Paris.

M. LA CROIX-LAVAL (A.), 18, avenue de La Bourdonnaye, Paris.

M. LAMBERT (François), 54, avenue de Noailles, Lyon.

M. LAMOUROUX (Georges), 21, rue Gay-Lussac, Paris.

M. LEBEUF DE MONTGERMONT (le Comte Louis), 72, rue de Varenne, Paris.

M. Lebœuf (Charles), 50, rue François Ier, Paris.

M. Le Petit (Jules), 24, rue du Buisson-Saint-Louis, Paris.

M. Le Senne (Eugène), 73, boulevard Haussmann, Paris.

M. Lucas (Paul), 5, rue Richepanse, Paris.

M. Maison (Eugène), Le Vésinet (Seine-et-Oise).

M. Manchon (Léon), 56, rue du Rocher, Paris.

M. Maréchal (Édouard), 54, avenue du Roule, Neuilly (Seine).

M. Mareuse (Edgar), 81, boulevard Haussmann, Paris.

M. Marquet (Léon), 31, rue Vivienne, Paris.

M. Martimprey (le Vicomte A. de), 5 *bis,* rue du Cirque, Paris.

M. Marx (Roger), 105, rue de la Pompe, Paris.

M. Massigli (Charles), 24, avenue de l'Observatoire, Paris.

M. Masson (Georges), 120, boulevard Saint-Germain, Paris.

M. Mercier (Victor), 1, rue Volney, Paris.

M. Monnereau (Arthur), Barbezieux (Charente).

M. Montozon (Guillaume de), 10, rue Lincoln, Paris.

M. Moreau (Paul), 48, rue du Général-Foy, Paris.

M. Noel (Arthur), 33, rue Regnard, Le Havre.

M. Orosdi (Léon), 6, rue Cimarosa, Paris.

M. Pagès (Victor), 87, avenue de Villiers, Paris.

M. Piet (Alfred), 17, boulevard de la Madeleine, Paris.

M. Pochet (Georges), 74, boulevard de Magenta, Paris.

M. Quentin-Bauchart (Maurice), 31, rue François Ier, Paris.

M. Raisin (Frédéric), rue du Rhône, 30, Genève.

M. Revillon (Théodore), 12, rue de Presbourg, Paris.

M. Ridder (Gustave de), 4, rue Perrault, Paris.

M. Rodrigues (Eugène), 40, rue de Berlin, Paris.

M. Roux (Agricol), Cavaillon (Vaucluse).

M. Salvert-Bellenave (Étienne de), à Cherbourg (Manche).

M. Sarcey (Francisque), 59, rue de Douai, Paris.

M. Socquet (Jules), 6, boulevard Richard-Lenoir, Paris.

M. SOUFFLOT (Paul), 89, boulevard Malesherbes, Paris.

M. TRICAUD (Auguste), 17, boulevard Poissonnière, Paris.

M. TUAL (Léon), 56, rue de la Victoire, Paris.

M. VAUTIER (Antoine), 15, rue de la République, Maubeuge (Nord).

M. VEVER (Henri), 19, rue de la Paix, Paris.

M. VUILLE (Charles), 7, rue Bellot, Genève.

LES XX

COMITÉ

SOCIÉTÉ

DES

BIBLIOPHILES BRETONS

PRÉSIDENT D'HONNEUR :

S. A. R. Mgr le Duc DE CHARTRES.

MEMBRES :

M. ALIZON (Émile), 20, rue Franklin, Nantes.

Mme AMELOT DE CHAILLOU (la Comtesse), née DU HALLAY-COETQUEN, 24, avenue de la Grande-Armée, Paris.

M. APURIL (Arthur), château de Bellouan, en Ménéac (Morbihan).

ARCHIVES du département des Côtes-du-Nord, Saint-Brieuc.

ARCHIVES du département de la Loire-Inférieure, Nantes.

ARCHIVES du département du Morbihan, Vannes.

M. ARMAILLÉ (le Comte Hervé D'), château de la Menantière, par Montrevault (Maine-et-Loire).

M. ARONDEL DE HAYES (Sélim), 14, rue George-Sand, Auteuil-Paris.

M. AUDREN DE KERDREL (le Comte Amaury), château de Kerusoret en Plouédern, près Landivisiau (Finistère).

M. AUDREN DE KERDREL (Vincent), à Saint-Uhel, près Lorient (Morbihan).

Mgr le duc D'AUMALE (la Bibliothèque de), à Chantilly (Oise).

M. AUTICHAMP(le Marquis D'), château d'Autroche, par Meung-sur-Beuvron (Loir-et-Cher), et 3, rue Jeanne-d'Arc, à Orléans.

M. AVRIL DE LA VERGNÉE (Ernest), 31, rue Dauphine, La Rochelle (Charente-Inférieure).

M. BAGNEUX (le Vicomte DE), château de la Pélissonnière, près Pouzauges (Vendée).

M. BAGUENIER-DÉSORMEAUX (Henri), 6, rue Crevaux, Paris.

Mme BALLEROY (la Comtesse DE), 41, quai d'Orsay, Paris.

M. BALLU (Camille), Conservateur des hypothèques, Vannes.

M. BARTHÉLEMY (Anatole DE), 9, rue d'Anjou, Paris.

M. BAUGÉ (Simon), 1, rue La Fayette, Nantes.

M. BEAUFORT (Xavier DE), Dinan (Côtes-du-Nord).

M. BÉCIGNEUL (le Docteur), 3, rue Thiers, Nantes.

M. BEJARRY (le Comte Amédée DE), château de La Roche-Louherie, par Bournezeau (Vendée).

M. BELLEVUE (le Comte Xavier DE), 9, rue de Paris, Rennes.

M. BENOIT (Arthur), 2, boulevard Saint-Aignan, Nantes.

M. BERTHOU (Paul DE), 5, boulevard Delorme, Nantes.

M. BERTRAND GESLIN (le baron Henri), 4, rue du Bocage, Nantes, et au château du Pas, Vue (Loire-Inférieure).

Mme BEURGES (la Comtesse Gaston DE), chemin du Verger, Vannes.

BIBLIOTHÈQUE de l'Institut de France, Paris.

BIBLIOTHÈQUE publique de Morlaix (Finistère).

BIBLIOTHÈQUE publique de Nantes.

BIBLIOTHÈQUE publique de Quimper.

BIBLIOTHÈQUE publique de Rennes.

BIBLIOTHÈQUE publique de Vannes.

BILLIOTHÈQUE publique de Vitré (Ille-et-Vilaine).

BIBLIOTHÈQUE Harvard University, Cambridge Massachussets (États-Unis).

M. BIGNE VILLENEUVE (Alexandre DE LA), Villa Sainte-Anne, Dinan (Côtes-du-Nord).

M. BIGNE VILLENEUVE (Armel DE LA), 3, Place de la Préfecture, Nantes.

M. BILER (l'Abbé), Angers.

M. BIZIEN DU LÉZARD (le Comte Louis DE), château de Coulon, par Bazouges-sur-le-Loir (Sarthe).

M. BLACAS (le Duc DE), château de Beaupreau, Beaupreau (Maine-et-Loire).

M. BLANCHARD (René), 1, rue Royale, Nantes.

M. BLANDEL (Émile), 10, rue du Calvaire, Nantes.

M. Blatier (l'Abbé Auguste), Saint-Étienne-de-Mont-Luc (Loire-Inférieure).

M. Bodinier (Guillaume), 2, rue Tarin, Angers.

M. Bois de la Villerabel (l'Abbé André du), Saint-Brieuc.

M. Boismen (Eugène), 9, rue Bertrand-Geslin, Nantes.

M. Bois-Saint-Sévrin (Félix du), 16 bis, avenue de la Gare, Rennes.

M. Bonneau (Louis), Auray (Morbihan).

M. Bonnigal (Louis), Vertou (Loire-Inférieure).

M. Bord (Gustave), à Porcé, près Saint-Nazaire (Loire-Inférieure).

M. Borderie (Arthur de la), Vitré (Ille-et-Vilaine).

M. Borderie (Waldeck de la), Vitré (Ille-et-Vilaine).

M. Bossis (Auguste), 15, Avenue de Launay, Nantes.

M. Boubée (Eugène), 3, Place de la Petite-Hollande, Nantes.

M. Boulay (Stanislas), 21, rue Saint-Nicolas, Nantes.

M. Bourdonnaye (le Vicomte de), château de la Varenne, par Champtoceaux (Maine-et-Loire).

M. Brebel (l'Abbé Joseph), Janzé (Ille-et-Vilaine).

M. Bréchard (le Comte Paul de), rue Sully, Nantes.

M. Bremont d'Ars-Migré (le Marquis Anatole de), château de la Porte-Neuve, commune de Riec (Finistère), et 5, rue Harouys (Nantes).

M. Bretéché (l'Abbé Charles), à Riailé (Loire-Inférieure).

M. Bretesche (le Marquis Charles de la), 2, rue Tournefort, Nantes.

M. Brunetière (Ferdinand), de l'Académie française, rue Jacob, Paris.

M. Burgès-Camac (J.), La Roche-Pendante, près Dinard (Ille-et-Vilaine).

M. Busnel (Amador de), 12, rue d'Aguesseau, Nantes.

M. Cadic (l'Abbé), à Bieuzy, par Pluméliau (Morbihan).

M. Caillière (H.), 2, place du Palais, Rennes.

M. Calan (Charles de), La Houssaye, Redon (Ille-et-Vilaine).

M. Carcaradec (le Comte de), château de Kérivon, par Lannion (Côtes-du-Nord).

M. Carné de Carnavalet (Adrien de), place Charpentier, Vitry-sur-Seine (Seine).

M. Carné de Carnavalet (Gaston de), château de Kermat, par Hennebont (Morbihan).

M. Carné de Carnavalet (Jean de), 16, rue Cassette, Paris.

M. Carré (Antonio), 12, rue La Fayette, Nantes.

M. Carré (Théodore), 10, rue Voltaire, Nantes.

M. Chabot (le Comte de), château du Parc-Soubise, par Mouchamp (Vendée).

M. Chabot (le Comte Fernand de), 1, rue François Ier, Paris.

M. Chabot (le Vicomte Paul de), château de la Boissière, par Châtillon-sur-Sèvre (Deux-Sèvres), et 58, rue de Varenne, Paris.

M. Chailland, Laval (Mayenne).

M. Champagny (le Vicomte Henri de), château de Kerduel, par Lannion (Côtes-du-Nord).

M. Chardin (Paul), 2, rue des Pyramides, Paris.

M. Chatelier (Édouard), 4, quai Penthièvre, Nantes.

M. Chauffier (l'Abbé Louis-Marie), Vannes.

M. Cheguillaume (Henri), 3, rue des Cadeniers, Nantes.

M. Cheguillaume (Joseph), 13, rue de Briord, Nantes.

M. Chiron du Brossay, rue des Platanes, Château-Gontier (Mayenne).

M. Cintré (le Vicomte Alphonse de), 13, rue de la Monnaie, Rennes.

M. Clerc (Gabriel), 2, Place Saint-Michel, Bordeaux.

M. Cocar (Frédéric), 5, quai de Châteaubriand, Rennes.

Mme Coetquen de Poilly (la Baronne de), 53, rue de Ponthieu, Paris.

Mme Coniac (Renée de), 235, boulevard Saint-Germain, Paris.

M. Conor-Grenier (Léon), Saint-Brieuc (Côtes-du-Nord).

M. Cormerais (Ludovic), 34, boulevard Delorme, Rennes.

M. Cornulier (Louis de), château de la Lande, par Montaigu (Vendée).

M. Couespel (Alphonse), 6, rue Sully, Nantes.

M. Crèvecœur (Armand de), rue de la Vannerie, Abbeville (Somme).

M. Croix (le Comte E. de la), 1, contour de la Motte, Rennes.

M. Crucy (Félix-Georges), 22, rue Rosière, Nantes.

M. Daniel (l'Abbé), Dinan (Côtes-du-Nord).

M. Debroise (Dom Émile), Solesmes, par Sablé (Sarthe).

M. Delafoy (René), 7, quai Brancas, Nantes.

M. Delaville-le-Roulx (Joseph), château de la Roche, par Monts (Indre-et-Loire).

M. Dorange (Magloire), 2, contour de la Motte, Rennes.

M. Dresnay (Vicomte Maurice du), château de Dréneuc, près Redon (Ille-et-Vilaine).

M. Duclos (le Dr), La Roche-Bernard (Morbihan).

M. Duine (l'Abbé François), Saint-Lô (Manche).

M. Dulau et Cie, 37, Soho Square, Londres (Angleterre).

M. Dupré-Lasale (Émile), 2, rue Vignon, Paris.

M. Dupuy (Camille), 7, rue Marceau, Nantes.

M. Elbée (Le Commandant, Comte d'), 108, boulevard Béranger, Tours.

M. Emerique (E.), 52, boulevard Malesherbes, Paris.

M. Eon (Edgard), 22, rue des Halles, Nantes.

M. Estourbeillon (le Marquis Régis de l'), place de l'Évêché, Vannes.

Mgr Fallières, Saint-Brieuc.

M. Farcy (Olivier de), 5, rue Rallier, Rennes.

M. Ferronnays (le Marquis de la), château de Saint-Mars-la-Jaille (Loire-Inférieure).

M. Formon (Étienne), château de la Crilloire, par Maulévrier (Maine-et-Loire).

M. Foucaud (Auguste de), 12, rue de Belair, Rennes.

M. Foucault (C.), notaire, Vue (Loire-Inférieure).

M. Fouéré-Macé (l'Abbé), recteur de Lehon, près Dinan (Côtes-du-Nord).

M. Fournel (Hippolyte), 7, rue de la Monnaie, Rennes.

M. Frain (Édouard), Vitré (Ille-et-Vilaine).

M. Gaboriau (A.-N.), pharmacien, Montmorency (S.-et-O.).

M. Gahier (Stanislas), avocat, 5, rue d'Orléans, Nantes.

M. Gaillard (l'Abbé Alexis), Saint-Jacques Nantes.

M. Galibourg (Alexandre), avocat, Saint-Nazaire (L.-Inf.).

M. Genuit (Marcel), à la Guichardaye en Tréal, par Carentoir (Morbihan).

M. Giquello (l'Abbé P.), 8, rue Bernard-Palissy, Tours.

M. Gourcuff (Olivier de), 5, rue Gounod, Paris.

M. Gourden (R. de), avocat, Rennes.

M. Gousse (Jules), 15, quai de Châteaubriant, Rennes.

M. Gouzerh (Eugène), hôpital militaire du Belvédère, Tunis.

M. Grimaud (Émile), 4, Place du Commerce, Nantes.

M. Grimaudière (Hippolyte de la), château de la Hamonais, par Châteaubourg (Ille-et-Vilaine).

M. Guibourg de Luzinais (Ernest), 14, rue de l'Héronnière, Nantes.

M. Guillotin de Corson (l'Abbé), château de la Noë en Bain (Ille-et-Vilaine).

M. Guyot (l'Abbé Jacques), à Rosampoul, en Flougonven (Finistère).

M. Hamard (Anatole), avocat, Rennes.

Mme Harcoet (de), 11, rue Saint-Yves, Brest.

M. Hébert (Philippe), château de la Goule-aux-Fées, près Dinard (Ille-et-Vilaine).

M. Hémery (Ernest), La Roche-sur-Yon (Vendée).

M. Hervé (Louis), 5, rue Motte-Flabet, Rennes.

M. Houdbine (l'Abbé Timothée), Institution de Combrée (Maine-et-Loire).

M. HOUDET (Furcy), 1, rue Mondésir, Nantes.

M. HUON DE PENANSTER (Charles), château de Kergris, près Lannion (Côtes-du-Nord).

M. JAMONIÈRES (le Baron Arthur DES), manoir de la Vignette, par le Cellier (Loire-Inférieure).

M. JOCHAUD DU PLESSIS (Paul), rue de la Grange, Dinan (Côtes-du-Nord).

M. JOSSE (Joseph), 44, rue de Gigant, Nantes.

M. JOUON DES LONGRAIS (Frédéric), 4, rue du Griffon, Rennes.

M. KERANFLEC'H-KERNEZNE (Charles DE), château du Quélenec, par Mur-de-Bretagne (Côtes-du-Nord).

M. KERJÉGU (James DE), Scaër, par Rosporden (Finistère).

M. KERVENOAEL (Émile JOUAN DE), 3, rue Tournefort, Nantes.

M. KERVILER (René), Saint-Nazaire (Loire-Inférieure).

M. LAFOLYE (René), 2, Place des Lices, Vannes.

M. LALLIÉ (Alfred), 5, rue Bertrand-Geslin, Nantes.

M. LAMBILLY (le Comte Gabriel DE), château de Lambilly, près Ploërmel (Morbihan).

M. LANDEMONT (le Comte de), château de la Guère, près Ancenis (Loire-Inférieure).

M. LANJUINAIS (le Comte Paul-Henri), 31, rue Cambon, Paris.

M. LAREINTY (le Baron Gustave DE), 191, boulevard Saint-Germain, Paris.

M. LAREINTY (Jules DE), Marquis DE THOLOZAN, 201, boulevard Saint-Germain, Paris.

M. LE BESQUE (William-Georges), notaire, Saint-Nazaire (Loire-Inférieure).

Mme LE BORGNE (Ferdinand), 43, avenue Victor-Hugo, Vannes.

M. LE BOURG (Charles), 51, boulevard Rochechouart, Paris.

M. Lecoqu (l'Abbé Toussaint), Saint-Brieuc.

M. Le Cour (Charles), 2, rue de Bréa, Nantes.

M. Le Franc (l'Abbé), Notre-Dame-de-Josselin (Morbihan).

M. Lefranc (Eugène), 114, boulevard Arago, Paris.

M. Le Gonidec de Traissan (le Comte), Vitré (Ille-et-Vilaine).

M. Le Lasseur (Albéric), Villa Soleil, Hyères (Var).

M. Le Lièvre de la Touche (Xavier), 3, rue de l'Écluse, Nantes.

M. Lelong (Eugène), avocat, Angers.

M. Le Meignen (Henri), avocat, 7, rue Bonne-Louise, Nantes.

M. Le Mée (l'Abbé Remy), Mérillac, près Loudéac (Côtes-du-Nord).

M. Lemière (Edmond), avocat, boulevard Royal, Saint-Brieuc.

M. Lemoine (Jean), Quimper.

M. Le Provost (l'Abbé), Saint-Brieuc.

M. Le Roux (Albert), château de Brézal, par Landivisiau (Finistère).

M. Lescoët (le Marquis de), château de Lesquiffiou en Pleyber-Christ (Finistère).

M. Libaros (Victor), 3, place du Change, Nantes.

M. Linyer (Louis), avocat, 1, rue Paré, Nantes.

M. Lorgeril (le Vicomte Charles de), chez M. Legrant, Tinténiac (Ille-et-Vilaine).

M. Lucas (Léo), 12, rue Montaigne, Paris.

M. Lucas (l'Abbé Yves-Marie), Plouëzec (Côtes-du-Nord).

M. Luneau (Gabriel), 64, rue de la Bastille, Nantes.

M. Macé (Albert), 41, rue Forest, Charleville (Ardennes).

M. Maillard (Jules-Émilien), Ancenis (Loire-Inférieure).

M. Malestroit de Bruc (le Comte de), 27, rue Marignan, Paris.

M. Marie-Baudry (Victor), avocat, Chollet (Maine-et-Loire).

M. Marty (le Docteur J.), Belfort.

M. Mary (Fernand), avoué, 6, rue de Bouillé, Nantes.

M. Mauduit du Plessix (René de), château de Kercadiou, en Guimaëc (Finistère).

M. Mauricet (Alphonse), 6, rue Léhélec, Vannes.

M. Menard (Anthime), avocat, 4, avenue de Tourville, Paris.

M. Ménard-Briaudeau (Léon), 9, rue Gresset, Nantes.

M. Méresse-Lessac (Gabriel), par Guérande (Loire-Inférieure).

M. Merland (Julien), 1, place Gigant, Nantes.

M. Michel de Monthuchon (Stanislas), château de Monthuchon, par Coutances (Manche).

M. Mieulle (le Comte Ludovic de), 2, avenue Bosquet, Paris.

M. Moissac (Raoul de), 32 bis, rue de Gigant, Nantes.

M. Monneraye (le Comte Charles de la), château du Cléyo, près Malestroit (Morbihan).

M. Montaigu (le Comte de), château de la Bretesche, en Missillac (Loire-Inférieure).

M. Montessuy (le Comte de), 18, rue de Paris, Rennes.

M. Monti de Rezé (Bernard de), 17, rue de Nantes, Laval (Mayenne).

M. Monti de Rezé (Claude de), 3, quai de Ceineray, Nantes.

M. Monti de Rezé (Yves de), 3, quai de Ceineray Nantes.

M. Montreuil (le Vicomte Édouard de), 57, avenue d'Antin, Paris.

M. Morgand, passage des Panoramas, Paris.

Mme Nétumières (la Comtesse Élie des), château de la Montagne, par la Guerche-de-Bretagne (Ille-et-Vilaine).

M. Nicol (l'Abbé Maximilien), Vannes.

M. Nicollière-Teijeiro (Stéphane de la), 12, rue d'Aguesseau, Nantes.

M. Oger (Émile), rue de l'Océan, Saint-Nazaire (Loire-Inférieure).

M. Oheix (Robert), Loudéac (Côtes-du-Nord).

M. Ollivier (J.-L.), 2, rue de l'Alma, Rennes.

M. ORIEUX (Eugène), passage du Nord, rue Félibien, Nantes.

M. OUDIN (Adrien), 108, avenue de Wagram, Paris.

M. PALYS (le Comte Élie DE), 5, rue Saint-Yves, Rennes.

M. PANNETON (Georges), 38, boulevard Delorme, Nantes.

M. PAPIN DE LA CLERGERIE (Raoul), 5, rue Voltaire, Nantes.

M. PARIS-JALLOBERT (l'Abbé), Balazé, par Vitré (Ille-et-Vilaine).

M. PAWLOWSKI (Gustave), 56, rue Jacob, Paris.

M. PERROCHEL (le Marquis DE), château de Pignerolles, près Angers (Maine-et-Loire).

M. PERTHUIS (Georges), 19, rue de Rennes, Nantes.

Mme PESQUIDOUX (la Comtesse DE), Le Houga (Gers).

M. PLAINE (l'Abbé Jean-Louis), Rennes.

M. PLANIOL (Marcel), 12, rue de Tournon, Paris.

M. PLANTARD (Jean-Marie), 1, boulevard Pasteur, Nantes.

M. PLESSIS-GOURET (Émile DU), Vernier, commune de Genève (Suisse).

M. PLIHON (Joseph), 5, rue Motte-Fablet, Rennes.

M. POCQUET (Barthélemy), 2, rue Saint-François, Rennes.

M. POMMEREUIL (le Baron Henri DE), château de Marigny, près Fougères (Ille-et-Vilaine).

M. POTIER (Charles), 8, rue des Carmes (Angers).

M. POULAIN (Clément), passage Louis-Lévêque, Nantes.

M. POULPIQUET DU HALGOUET (le lieutenant-colonel Maurice DE), député d'Ille-et-Vilaine, Redon (Ille-et-Vilaine).

M. PRUCHE (le Docteur), rue Thiers, Vannes.

M. PRUD'HOMME (Ludovic), 28, rue Saint-Pierre, Saint-Brieuc.

M. PUY (Paul DU), avocat, 61, avenue d'Antin, Paris.

M. QUANTIN (A.), 6, rue du Regard, Paris.

M. QUINEFAULT (Camille), 22, rue du Général-Foy, Paris.

M. RAISON DU CLEUZIOU (Yves), avocat, Châteaulin (Finistère).

M. RETAILLIAU (Georges), 8, rue des Arènes, Angers.

M. RIARDANT (Charles), 6, place Royale, Nantes.

M. RICORDEL (l'Abbé Émile), 6, rue Malherbe, Nantes.

M. ROBERT (l'Abbé), de l'Oratoire, Rennes.

M. ROBERT (Emmanuel), greffier au Tribunal civil, Rennes.

M. ROBIEN (le Marquis DE), château de Robien, par Quintin (Côtes-du-Nord).

M. ROBUCHON (Jules), Fontenay-le-Comte (Vendée).

M. ROCHEFOUCAULD (le Marquis DE LA), 12, rue Félix, Nantes.

M. ROHAN (le Duc DE), château de Josselin, à Josselin (Morbihan).

M. ROSMORDUC (le Comte DE), manoir de Coatromarc'h, par Plestin-les-Grèves (Côtes-du-Nord).

M. ROTHSCHILD (la bibliothèque de M. le Baron James DE), 38, avenue de Friedland, Paris.

M. ROUSSE (Joseph), 14, rue Royale, Nantes.

M. RUPIN (Édouard), docteur, rue de Paris, Vitré (Ille-et-Vilaine).

M. RUSTUEL (L.), professeur de l'Université, à Lannion (Côtes-du-Nord).

M. SAINT-JEAN (le Comte DE), 37, b^d Delorme, Nantes.

M. SAINT-MELEUC (Raulo DE), château de la Haute-Forêt, Bréal-s/-Montfort, par Mardelles (Ille-et-Vilaine).

M. SAINT-PERN (le Baron René DE), directeur du Haras, à Libourne (Gironde).

M. SAINTE-SUZANNE (le Vicomte DE), 14, rue Lincoln, Paris.

M. SAVÉ (Léopold), pharmacien à Ancenis (Loire-Inférieure).

M. SAY (Édouard), 15, rue Rosière, Nantes.

M. SCHREIBER (Henri DE), 29, rue des Écuries-d'Artois, Paris.

M. SÉCHÉ (Léon), rue de la Santé, Paris.

M. SIMON (Georges), Chalet des Mielles, Dinard (Ille-et-Vilaine).

SOCIÉTÉ DES BEAUX-ARTS, 4, rue Voltaire, Nantes.

Société des Bibliophiles Bretons, Nantes.

Société Polymathique du Morbihan, Vannes.

M. Soullard (Paul), 10, rue Basse-du-Château, Nantes.

M. Tanouarn (Henri de), avocat, Rennes.

M. Terves (le Vicomte Roger de), rue Grandet, Angers.

M. Tiercelin (Louis), 41, faubourg de Fougères, Rennes.

M. Tillette de Clermont-Tonnerre (René), chef d'escadrons au 25e dragons, à Angers.

M. Touche (le Comte de la), rue aux Chèvres, Saint-Brieuc.

M. Toutain (Raphaël), 3, rue des Grands-Ciseaux, Orléans.

M. Trémoille (le Duc Louis de la), 4, avenue Gabriel, Paris.

M. Trévédy (J.), 1, rue de la Préfecture, Laval (Mayenne).

M. Trévelec (le Comte Henry de), Herbignac.

M. Truelle Saint-Évron, 20, boulevard Saint-Aignan, Nantes.

M. Urseau (l'Abbé Ch.), secrétaire de l'Évêché, Angers.

M. Vatar (Hippolyte), 8, rue Saint-François, Rennes.

M. Vatar (Paul), avocat, 8, rue de Bourbon, Rennes.

M. Vezins (Jacques de), Péronne, par Vezins (Maine-et-Loire).

M. Vicaire (Georges), 51, rue Scheffer, Paris.

M. Villebiot (Geoffroy de la), château de la Roche-Vernaize, par les Trois-Moutiers (Vienne).

M. Villeneuve (Louis-Henry de), au Parc de la Salle Verte, près Quintin (Côtes-du-Nord).

M. Villoutreys (le Marquis Ernest de), château du Plessis-Villoutreys, par Montrevault (Maine-et-Loire).

M. Vincent (Félix), château de la Gaubinière, Nantes, et 4, rue de Bouillé, Nantes.

M. Vollatier (Philibert), 39, quai de la Fosse, Nantes.

M. Wismes (le Baron Gaëtan de), 33, rue du Coudray, Nantes.

SOCIÉTÉ

DES

BIBLIOPHILES DE GUYENNE

M. Boucherie (Jacques), rue Bardineau, à Bordeaux.

M. Bouchon (Georges), 6, rue du Panorama, à Caudéran, près Bordeaux.

British Museum, à Londres.

M. Brouillier (Jean), rue Porte-Dijeaux, 45, à Bordeaux.

M. Calvé (Jules), rue Lafaurie de Monbadon, 48, à Bordeaux.

Mme Canolle (la Marquise de), aux Fougères, à La Brède (Gironde).

M. Castelnau d'Essenault (le Marquis Guillaume de), au château du Casse, à La Tresne (Gironde).

M. Céleste (Raymond), rue Soissons, 63, à Bordeaux.

Cercle du Commerce, Bordeaux.

M. Chapon (Jules), rue Cheverus, 8, à Bordeaux.

M. Chasteigner (le Comte Alexis de), rue de Grassi, 7, à Bordeaux.

M. Clermont (Paul), cours du XXX Juillet, 18, à Bordeaux.

M. Counord, 142, cours du Médoc, à Bordeaux.

M. Cousteau (Camille), 15, cours d'Aquitaine, à Bordeaux.

M. Daney (Alfred), rue de la Rousselle, 36, à Bordeaux.

M. Daspit de Saint-Amand, à La Réole (Gironde).

M. Dast le Vacher de Boisville, rue de la Renaissance, 15, à Bordeaux.

M. David (Gaston), aux Briards, par Saint-Yrieix (Haute-Vienne).

M. Delcurrou (Louis), allées de Chartres, 37, à Bordeaux.

M. Detroyat (Arnaud), à Bayonne (Basses-Pyrénées).

M. Dezeimeris (Reinhold), rue Vital-Carles, 11, à Bordeaux.

M. Ducaunnès-Duval (Ariste), rue Croix-de-Seguey, 85, à Bordeaux.

M. Duguit (Léon), rue du Jardin-Public, 2, à Bordeaux.

M. Dupuis (Paul), au Bouscat, près Bordeaux.

M. Duthu (Hippolyte), cours de l'Intendance, 37, à Bordeaux.

M. Eichtahl (Caron d'), au château de Saint-Selve (Gironde).

M. Escande (le Docteur), rue Notre-Dame, 30, à Bordeaux.

M. Faure (Gabriel), quai des Chartrons, 27, à Bordeaux.

M. Féret (Édouard), cours de l'Intendance, 15, à Bordeaux.

M. Froment (Théodore), rue du Tondu, 24, à Bordeaux.

M. Gaden (Charles), rue de la Course, 109, à Bordeaux.

M. Gaulne (Alfred de), au château de Richefort, à Langoiran (Gironde).

M. Gautier-Lagardère (Louis), rue Huguerie, 51, à Bordeaux.

M. Gounouilhou (Gustave), rue de Cheverus, 8, à Bordeaux.

M. Goyetche (A.-L.), rue Vauban, 2, à Bordeaux.

M. Grellet-Dumazeau (A.), rue Baubadat, 28, à Bordeaux.

M. Guestier (Dan), père, pavé des Chartrons, 31, à Bordeaux.

M. Habasque (Francisque), rue Émile Fourcand, 21, à Bordeaux.

M. Hochard (Polydore), rue de l'Église-Saint-Seurin, 22, à Bordeaux.

M. Johanneton (Georges), cours du Jardin-Public, 25 *bis,* Bordeaux.

M. Johnston (Harry), pavé des Chartrons, 18, à Bordeaux.

M. Labat (Gustave), rue Émile Fourcand, 32, à Bordeaux.

M. Lacombe (Ernest), cours Saint-Louis, 11, à Bordeaux.

M. Laffitte (Pierre), à Béguey, près Cadillac (Gironde).

M. Lalanne (Émile), rue de la Trésorerie, 34, à Bordeaux.

M. Lesca (Léon), rue du Palais-Gallien, 130, à Bordeaux.

M. Lespiault (Gaston), rue Michel-Montaigne, 5, à Bordeaux.

M. Loste (William), pavé des Chartrons, 27, à Bordeaux.

M. Lur-Saluces (le Comte Pierre de), château de Malle, à Preignac (Gironde).

M. Lur-Saluces (le Marquis de), château de Filhot, à Sauternes (Gironde).

M. Maurel (Jean), rue d'Orléans, 6, à Bordeaux.

M. Meller (Pierre), rue Ferrère, 20, à Bordeaux.

M. Mensignac (Camille de), cours Victor-Hugo, 19, à Bordeaux.

M. Merman (Jules), pavé des Chartrons, 33, à Bordeaux.

M. Mialhe (Paul), rue d'Aviau, 22, à Bordeaux.

M. Montesquieu (le Baron Albert de Secondat de), au château de Brécy (Cher).

M. Montesquieu (le Baron Charles de), au château de La Brède (Gironde).

M. Montesquieu (le Baron Gaston de), aux Fougères, La Brède (Gironde).

M. Montesquieu (le Baron Gérard de), à Baron (Gironde).

M. Montesquieu (le Baron Godefroy de), au Chalet, La Brède (Gironde).

M. Montesquieu (le Baron Henry de), aux Fougères, La Brède (Gironde).

M. Montesquieu (le Baron Pierre de), au château de La Brède (Gironde).

Musée des Antiques, à Bordeaux.

New-Club, au Grand-Théâtre, à Bordeaux.

M. Nicolaï (Alexandre), rue d'Albret, 18, à Bordeaux.

M. Oberkampff (le Baron Émile), à Alais (Gard).

M. Ouvré (Henri), 4, rue de Cornail, à Paris.

M. Pelleport-Burète le (le Vicomte Charles de), place du Champ-de-Mars, 8, à Bordeaux.

M. Petit (Henri), à la Mairie (Instruction publique), Bordeaux.

M. Picq (André), à La Brède (Gironde).

M. Piganeau (Gustave), rue Esprit-des-Lois, 4, à Bordeaux.

M. Puifferat (le Marquis Théobald de), au château du Breuil, à Talence (Gironde).

M. Reneufve (Gustave), rue Vital-Carles, 22, à Bordeaux.

M. Roborel de Climens (Lodi), impasse Hustin, 1, à Bordeaux.

M. Rodel (Henri), rue de Condé, 1, à Bordeaux.

M. Roy de Clotte (René), 17, rue du Temple, à Bordeaux.

M. Saignat (Léo), rue Mably, 18, à Bordeaux.

M. Samazeuilh (Fernand), rue Bardineau, 1 *bis*, à Bordeaux.

M. Sarrau (le Vicomte Aurélien de), rue de Rohan, 22, à Bordeaux.

M. Sazias (Henri), cours Victor-Hugo, 186, à Bordeaux.

M. Serret (Jules), à Agen (Lot-et-Garonne).

M. Sèze (Aurélien de), rue des Remparts, 23, à Bordeaux.

M. Sourget (Adrien), cours de Gourgue, 8, à Bordeaux.

M. Tamizey de Larroque (Philippe), au Pavillon-Pereise, à Gontaud (Lot-et-Garonne).

M. Tixier (Léon), rue des Piliers-de-Tutelle, 12, à Bordeaux.

M. Toulouse (Adolphe-Bertrand), rue Ferbos, 33, à Bordeaux.

M. Wetterwald (Charles), quai Louis XVIII, 13, à Bordeaux.

SOCIÉTÉ

DES

BIBLIOPHILES LYONNAIS

M. Guigou (Camille), à Lyon, rue du Peyrat, 2 ; et château de Montplaisir, à Brindas (Rhône).

M. Jerphanion (le Baron Frank de), à Lyon, Place Bellecour, 37 ; et château de la Fay, à Larajasse, par Saint-Symphorien-sur-Coise (Rhône).

M. Longevialle (Louis de), avocat à Lyon, rue Sala, 4 ; et château de Vaurenard, à Gleizé, par Villefranche-sur-Saône (Rhône).

M. Mollière (le Docteur Humbert), à Lyon, rue de la République, 64.

M. Morel de Voleine (Irénée), château de Lucardière, à Cogny, par Denicé (Rhône).

M. Perret (Aimé), à Ecully (Rhône).

M. Terrebasse (Humbert de), à Lyon, rue du Plat 3, ; et château de Terrebasse, par Roussillon (Isère).

SOCIÉTÉ

DES

BIBLIOPHILES NORMANDS

PRÉSIDENT :

M. BEAUREPAIRE (Ch. DE ROBILLARD DE), 24, rue Beffroi, Rouen.

VICE-PRÉSIDENT :

M. ESTAINTOT (le Comte D'), 9, rue des Arsins, Rouen.

SECRÉTAIRE :

M. ALLARD (Christophe), 32, rue Saint-Nicolas, Rouen.

SECRÉTAIRE-ADJOINT :

M. HÉRON (A.), 20, rue du Champ-du-Pardon, Rouen.

TRÉSORIER :

M. LE VERDIER (Pierre), 47, boulevard Cauchoise, Rouen.

ARCHIVISTE :

M. TOUGARD (l'Abbé), au Petit-Séminaire du Mont-aux-Malades, près Rouen.

MEMBRES :

M. ALLARD (Paul), 12, rue de la Corderie, Rouen.

M. ARGENTRÉ (le Cte Alexis D'), 31, rue de Fontenelle, Rouen.

M. BAUDRY (Paul), à la Motte, à Rouen.

M. BEZUEL D'ESNEVAL (le Baron), 29, rue Saint-Guillaume, Paris.

M. BEAUCOUSIN, à Yvetot.

M. BEAUREPAIRE (Eugène DE ROBILLARD DE), 25, rue Bosnière, Caen.

M. BEAUVOIR (l'Abbé de), 43, rue de l'École, Rouen.

M. Biencourt (le Marquis de), 12, rue de Poitiers, Paris.

M. Bouquet (F.-V.), 2 bis, rue Bras-de-Fer, Rouen.

M. Boury (le Comte de), au château d'Amfreville-la-Campagne (Eure).

M. Chanoine-Davranches, 21, place de l'Hôtel-de-Ville, Rouen.

M. Civille (le Marquis de), au château du Bois-Héroult, par Buchy (Seine-Inférieure).

M. Collette (l'Abbé), 20, rue du Maulivrier, Rouen.

M. Delisle (Léopold), 8, rue Neuve-des-Petits-Champs, Paris.

M. Félix, 126, boulevard Saint-Julien, à Petit-Quevilly (Seine-Inférieure).

M. Formigny de la Londe (de), 33, rue des Carmes, Caen.

M. Le Filleuil des Guerrots (Aymar), au château de Villefleur près Cany (Seine-Inférieure).

M. Guériteau (l'Abbé), ancien aumônier, Dieppe.

M. Gasté (Armand), 16, rue Jean-Romain, Caen.

M. Glanville (Léonce de), 19, rue Bourg-l'Abbé, Rouen.

M. Genty (Tony), 9, place Saint-Martin, Caen.

M. Germonière (de la), Le Vast (Manche).

M. Héron, 20, rue du Champ-du-Pardon, Rouen.

M. Hettier (Ch.), 27, rue Guilbert, Caen.

M. Keller (Mme Jean), 19, rue de Varennes, Paris.

M. Laffleur de Kermaingant, 102, Avenue des Champs-Élysées, Paris.

M. Lair (Jules), 204, boulevard de la Villette, Paris.

M. Le Breton (Gaston), 25, rue Thiers, Rouen.

M. Legrelle (A.), 39, rue Berthier, Versailles.

M. Le Mire (Eugène), 1, rue du Nord, Rouen.

M. Lesourd (l'Abbé), place Saint-Arnaud, 19, Rouen.

M. Le Verdier (Pierre), 47, boulevard Cauchoise, Rouen.

M. Loth (l'Abbé Julien), 195, rue Martainville, Rouen.

M. Lormier (Charles), 15, rue Racine, Rouen.

M. Méry de Bellegarde (Louis), 5, rue Saint-Louis, Évreux.

M. Merval (Étienne de), 38, boulevard des Invalides, Paris.

Mlle Merval (de), 38, boulevard des Invalides, Paris.

M. Oursel, au château de Bertreville, par Bacqueville, (Seine-Inférieure).

M. Petiteville (le Vicomte de), au château de Petiteville, par Bourth (Eure).

M. Prévost (Gustave-A.), 52, rue Chasselièvre, Rouen.

M. Quesnel (Henry), château des Baons, par Yvetot.

M. Régnier (Louis), 59, rue Chartraine, Évreux.

M. Roys (le Marquis des), au château de Gaillefontaine (Seine-Inférieure).

M. Travers (Émile), 18, rue des Chanoines, Caen.

M. Vatimesnil (de), au château de Vatimesnil, par les Thilliers-en-Vexin (Eure).

M. Verger (Ch.), à Pont-Audemer.

LA SOCIÉTÉ NORMANDE

DU

LIVRE ILLUSTRÉ

M. Aubry-Vitet, 9, rue Barbet-de-Jouy, Paris.

M. Boury (le Comte de), au château d'Amfreville-la-Campagne (Eure).

M. Claude-Lafontaine (Lucien), 13, rue Scribe, Paris.

M. Claude-Lafontaine (Raymond), 7, rue de la Tour-des-Dames, Paris.

M. Delamare (Louis), 10, avenue Percier, Paris.

M. D'Esneval (le Baron), 29, rue Saint-Guillaume, Paris.

M. Dolbeau (Pierre), 46, rue du Général-Foy, Paris.

M. Festugière (Paul), 154, boulevard Haussmann, Paris.

M. Germonière (de la), 20, Place Vendôme, Paris.

M. Guillet (Jules), à Saintes (Charente-Inférieure).

M. Halley des Fontaines, 88, avenue des Champs-Élysées, Paris.

M. Hérissey (Charles), 35, rue de l'Université, Paris.

M. Join-Lambert, 24, rue de Penthièvre, Paris.

M. Lanquest, 94, boulevard Haussmann, Paris.

M. Le Comte, 124, rue de Provence, Paris.

M. Lefebvre (Jacques), 24, rue de Penthièvre, Paris.

M. L'Hopital (Henri), 4, rue Logelbach, Paris.

M. L'Hopital (Joseph), à Evreux (Eure).

M. Marsay (le Vicomte René de), 191, boulevard Saint-Germain, à Paris.

M. Vatimesnil (de), 20, boulevard de la Latour-Maubourg, Paris, et au château de Vatimesnil, par les Thilliers-en-Vexin (Eure).

MEMBRES CORRESPONDANTS :

M. Broglie (le Prince de), 48, rue de la Boëtie, Paris.

M. Carbonnier (Paulin), 6, rue Édouard Detaille, Paris, et au château du Bostenney par Beuzeville (Eure).

M. Darcel (le Capitaine), villa San Carlo, rue d'Alsace, Mustapha, Algérie.

M. Izarn (Pierre), à Évreux.

M. Ségur (le Comte Louis de), 44, rue de la Boëtie, Paris.

SOCIÉTÉ

ROUENNAISE DES BIBLIOPHILES

MEMBRES :

M. ADELINE (Jules), 35, rue des Eaux-de-Bobec (Rouen).

M. BEAUCOUSIN, à Yvetot.

M. BEAURAIN (N.), 5, rue Bonnefoy, Rouen.

M. BEAUVOIR (l'Abbé DE), 42, rue de l'École, Rouen.

M. BENÉCHION (L.), 24, rue de Crosne, Rouen.

M. BERRANGER (DE), 21, rue de Fleurus, à Lille

M. BESSELIÈVRE, 24, rue de Crosne, Rouen.

M. BILLOD (l'Abbé).

M. BLIGNY (Jules), 1, rue d'Harcourt, Rouen.

M. BORIS, 5, rue de la Glacière, Rouen.

M. BOURY (le Comte DE), 12, rue Beffroy, Rouen.

M. BOULEN (P.), 3, rue Saint-Georges, Rouen.

BRITISH MUSEUM.

M. COMONT (l'Abbé), curé de Varengeville-sur-Mer, par Offranville (Seine-Inférièure).

M. CHANOINE-DAVRANCHES, 21, place de l'Hôtel-de-Ville, Rouen.

M. DEBRAY, 20, rue Grand-Pont, Rouen.

M. DEGLATIGNY (Louis), 11, rue Blaise-Pascal, Rouen.

M. DEGLATIGNY (Lucien), rue Valmont-de-Bomare, Rouen.

M. DESBOIS, 17, boulevard Beauvoisine, Rouen.

M. DESPREZ, ingénieur, Paris.

DIEPPE (la Bibliothèque de).

M. DUPRÉ (E.), 31, rue du Pré, Rouen.

M. ESNEVAL (BEZUEL, Baron D'), 29, rue St-Guillaume, Paris.

M. ESTAINTOT (le Comte D'), 12, rue de la Seille, Rouen.

M. Félix (J.), Président à la Cour, 26, Boulevard Saint-Julien, Petit-Quevilly (Seine-Inférieure).

M. Festugière (Paul), 154, boulevard Haussmann, Paris.

M. Formigny de la Londe (de), 33 rue des Carmes, Caen.

M. Garreta, 14, rue du Cordier, Rouen.

M. Genty (Tony), 9, place Saint-Martin, Caen.

M. Germonière (de la), 20, place Vendôme, Paris.

M. Gravier (G.), 18, rue d'Alsace-Lorraine, Rouen.

M. Gy (Léon), rue des Basnages, Rouen.

M. Heillot, 62, boulevard Malesherbes, Paris.

M. Héron (A.), 20, rue du Champ-du-Pardon, Rouen.

M. Homais (A.), 6, rue Thiers, Rouen.

M. Houzard, 1 bis, rue Longue, Rouen.

M. Hue (l'Abbé), 104, rue de Cormeille, Levallois-Perret (Seine)

M. Laurent, 5, rue Stanislas-Girardin, Rouen.

M. Le Bouteiller (G.), notaire, 19, pl. Saint-Sauveur, Caen.

M. Lecomte, 10 bis, rue Stanislas-Girardin, Rouen.

M. Leduc (E.), 51, rue de l'Avalace, Rouen.

M. Legrelle (A.), 29, rue Berthier, Versailles.

M. Legros, 15, rue Alexandre Legros, Fécamp.

M. Lemanissier, 7 bis, Petite rue Chasselièvre, Rouen.

M. Le Mire, 1, rue du Nord, Rouen.

M. Leprevost, 47, rue Jeanne-d'Arc, Rouen.

M. Lesourd (l'Abbé), 19, place Saint-Amand, Rouen.

M. Lestringant, libraire, 11, rue Jeanne-d'Arc, Rouen.

M. Le Verdier (P.), 17, boulevard Cauchoise, Rouen.

M. Lormier (Ch.), 15, rue Racine, Rouen.

M. Louvet (Léon), 57, rue Jeanne-d'Arc, Rouen.

M. Loquet-Pinson, 24, rue de Socrate, Rouen.

M. Maur (l'Abbé), 195, rue Martainville, Rouen.

M. Massif, libraire, Caen.

M. Morel, 40, rue de l'École, Rouen.

M. Montier, à Pont-Audemer (Eure).

M. Morize, 94, rue de la République, Rouen.

M. Niel (Henri), 28, rue Herbière, Rouen.

M. Pelay (E.), 74, rue de Crosne, Rouen.

M. Roys (le Marquis des), à Gaillefontaine (Seine-Inférieure), et à Paris, 11, boulevard de la Tour-Maubourg.

M. Sanson, 40, rue du Lieu-de-Santé, Rouen.

M. Simon (Georges), architecte, Petite-Louatte, Rouen.

M. Thil, 13 bis, rue du Champ des Oiseaux, Rouen.

M. Tinel (E.), 63, rue de Crosne, Rouen.

M. Tougard (l'Abbé), Petit Séminaire du Mont-aux-Malades près Rouen.

M. Tourville (de), à Tourville, près Pont-Audemer (Eure).

M. Verger (Charles), à Pont-Audemer (Eure).

M. Wallon (Henri), 45, rue du Val-d'Eanplet, Rouen.

THE BIBLIOGRAPHICAL SOCIETY

DE LONDRES

C. R. Redgrave.
J. H. Slater.
Henry R. Tedder, F.S. A.
Charles Welch, F.S.A.
Henry B. Wheatley, F.S.A.

AUDITORS :

Edward Almack.
J. Arnold Green.

___

MEMBERS

FROM THE CRISTISH EMPIRE :

Abercrombie, Wm., Lynngarth, Brooklands, near Manchester.

Advocates' Library, Edinburgh. (J. T. Clark, Keeper of the Library).

Aldrich, S. J., British Museum.

Allchin, W. H., M.D., F.R.C.P., Hon. Librarian Medical Society of London, 5, Chandos Street, Cavendish Square, W.

Almack, Edward, c/o Coates, Son & Co., Gresham Street, E. C.

Antrobus, Rev. F., the Oratory, Brompton, S. W.

Apperson, G. L., Movilla, Merton Hall Road, Wimbledon.

Ashbee, H. S., F.S.A., F.R.G.S., F.R.H.S., Fowler's Park Hawkhurst, Kent.

Axon, William E. A., 47, Derby Street, Moss Side, Manchester.

Bagwell, Richard, J. P., D. L., Marlfield, Clonmel.

Baldock, Major G. Yarrow, 18, Groombridge Road, S. Hackney, N. E.

Ballinger, John. Free Library, Cardiff.

Barrett, F. T., The Mitchell Library, 21, Miller Street, Glasgow.

Barwick, G. F., B. A., British Museum.

Begley, Rev. Walter, East Hyde Vicarage, near Luton.

Behrens, Walter, 22, Oxford Street, Manchester.

Birmingham Public Libraries. (Cornish Bros., Agents, 16, St. Ann's Square, Manchester).

Blackett, Spencer, Paternoster House, Charing Cross Road.

Blades, A. F., 23, Abchurch Lane, E.C.

Blades, Rowland Hill, 23, Abchurch Lane, E.C.

Blaikie, W. B., 11, Thistle Street, Edinburgh.

Boase, Fred., Librarian Incorporated Law Society of the United Kingdom, Chancery Lane, W. C.

Bodleian Library, Oxford. (E. W. B. Nicholson, Librarian.)

Bools, W. E., 7, Cornhill, E. C.

Boughey, Rev. A. H. F. Trinity College, Cambridge.

Bowes, Robt., 13, Park Terrace, Cambridge.

Brighton Corporation Library.

Briscoe, J. Potter, F.R.H.S., Public Libraries, Nottingham.

Britten, James, 18, West Square, S.E.

Brooke, Major-General R. C., Hemingford Grey, Hunts.

Brooke, Thomas, F.S.A., Armitage Bridge, Huddersfield.

Bruce, Right Hon. Lord Charles W. B., 77, Pall Mall, S. W. (*Vice-President*).

Brunel, Isambard, D.C.L., 15, Devonshire Terrace, Hyde Park, W.

Brushfield, T. N., M.D., The Cliff, Salterton, Devon.

Bruton, H. W., Bewick House, Gloucester.

Burgoyne. Frank F., Tate Central Library, Brixton.

Burnard, Robert, 3, Hillsborough, Plymouth.

Butler, A. J., Wood End, Weybridge.

Butler, Charles, 3, Connaught Place, Hyde Park, W.

Butt, A. N., 27, Adelaide Road, South Hampstead.

CAMBRIDGE UNIVERSITY LIBRARY (F. Jenkinson, Librarian.).

CAMPBELL, F. B. F., British Museum.

CHRISTIE, R. Copley, M. A., Ribsden, Bagshot (*Vice-President*).

CHRISTIE MILLER, Wakefield, Britwel Court, Maidenhead.

CLARKE, Archibald, 118, Heath Street, N. W.

CLARKE, Ernest, M.A., F.S.A., 13A, Hanover Square, W.

CLARKE, Frederick, Ormond House, Wimbledon.

CLERKENWELL PUBLIC LIBRARY (J. D. Brown, Librarian), Skinner Street, E. C.

COATES, Major E. F., Tayles Hill, Ewel Surrey.

COBHAM, Lord, Hagley Hall, Stourbridge.

COOPER, George, Haslemere, Blyth Road, Bromley.

COPINGER, W. A., LL.D., F.S.A., F.R.S.A., The Priory, Manchester (*Ex-President*).

COURTNEY, W. P., Reform Club, Pall Mall, S. W.

COWAN, Wm., 7, Braid Avenue, Edinburgh.

CRAWFORD, Right Hon. the Earl of, K. T., Haigh Hall, Wigan (*Vice-President*).

CURTIS, James, F.R.S.L., 179, Marylebone Road, N. W.

CUST, Lionel, F.S.A., Director of the National Portrait Gallery, Trafalgar Square.

DAVENPORT, Cyril, J. H., V.D., F.S.A, 113, St. Mark's Road, W.

DAVIS, Cecil T., Wandsworth Public Library.

DAY, Robert, F.S.A, F.R.S.A., M.R.I.A., 3, Sidney Place, Cork.

DEEDES, Rev. Cecil, 2, Clifton Terrace, Brighton.

DOWNING, W. Hitchman Earl's Court, Olton, near Birmingham.

DUNN, George, Wooley Hall, Maidenhead.

EDWARDS, Francis, 83, High Street, Marylebone.

ELLIS, F. S., Red House, Chelston, Torquay.

ELVEY, Robert V., M.A., 29, New Bond Street, W.

FABER, Reginald S., M.A., 10, Primrose Hill Road, Chalk, Farm, N. W.

FARMER-ATKINSON, Henry John, F.S.A., Osborne House, Ore, near Hastings.

FELLOWS, Reginald B., M.A., Librarian to the Institute of Chartered Accountants, Moorgate Place, E.C.

FERGUSON, Professor John, LL.D., F.S.A., 13, Newton Place, Glasgow.

FINNEY, James, 20, Angle Bank, Bolton-le-Moors.

FISHER, R. C., Hill-Top, Midhurst.

FLETCHER, W. Y., F.S.A., Addison Lodge, Kew.

FOLKARD, H. T. Wigan Corporation Library Wigan.

FORTESCUE, G. K., British Museum.

FOSTER, J. E., 10, Trinity Street, Cambridge.

FOSTER, James, Stella House, Tooting Graveney, S. W.

GARNETT, Richard, C.B., LL.D., Keeper of Printed Books British Museum, W. C. (*President*).

GARSTIN, J. Ribton, LL.B., F.S.A., V.P.R.I.A., Bragans-town, Castle Bellingham, Ireland.

GERISH, W. B., Ivy Lodge, Hoddesdon, Herts.

GILBERT, John T., F.S.A., LL.D., M.R.I.A, Villa Nova, Blackrock, County Dublin.

GILLESPIE, William, Reform Club, Pall Mall, S. W.

GILLMAN, Herbert Webb, A.B., M.R.S.A., Clonteadmore, Coachford, County Cork.

GINSBURG, C. D., LL.D., J.P. Virginia Water.

GLOVER, Arnold, 10, Leonard Place, Kensington, W.

GRAVES, R. E., British Museum.

GRAY, G. J., 5, Downing Place, Cambridge.

GREEN, J. Arnold, 56, Paternoster Row, E.C.

GREVEL, Hermann, 33, King Street, Covent Garden, W. C.

GUILDHALL LIBRARY, London, E.C.

HAES, Hubert, 28, Bassett Road, North Kensington, W.

HALL, John, The Grange, Hale, Altrincham, Cheshire.

HANKIN, Alfred, North Street, Bishop Stortford, Herts.

HART, Horace, M.A., Press House, Clarendon Press, Oxford.

Lange, F. W. T., The Library, St Bride Foundation Institute, Bride Lane, E. C.

Lansdell, Rev. H., D.D., Morden College, Blackheath.

Lee, Sidney, Editor of the Dictionary of National Biography; 15, Waterloo Place, S. W.

Leeds Public Library (Jas. Yates, Librarian), Leeds.

Letts, Charles, 8, Bartlett's Buildings, Holborn Circus, E. C.

Linen Hall Library (John Anderson, J.P., F.G.S., Hon. Sec.), Belfast.

London Library (Hagbergh Wright, Librarian), 12, St. James's Square.

Lonsdale, Claud, Rose Hill, Carlisle.

Lovett, Rev. R., M.A., 56, Paternoster Rowe, E. C.

Lowther, Rev. W. B., Easingwold, Yorkshire.

Luzac, C. G., 46, Gt. Russell Street, W. C.

Mac Alister, J. Y. W., F.S.A., Hon. Sec. Library Association of the United Kingdom ; 20, Hanover Square, W.

Macdonald, John M., 95, Harley Street, W.

Macfarlane, John, British Museum.

Mackie, Rev. George E., Godolphin School, Hammersmith.

Mac Lehose, Jas. J., 61, St Vincent Street, Glasgow.

Macmillan, Frederick, Bedford Street, Covent Garden, W. C.

Madan, F., M.A., Bodleian Library, Oxford ; 90, Banbury Road, Oxford.

Mahon, Capt. H. Pakenham, 35, St. George's Road, Eccleston Square, S. W.

Manchester Public Library (C. W. Sutton, Librarian.)

Marlow, Arthur L., 144, Shaftesbury Avenue.

Marriott, W. K., The Manor, Barking, Essex.

Martineau, Russell, M.A., 5, Eldon Road, Hampstead.

Mathieson, F. C., Beechworth, Hampstead Road, N. W.

Matthews, W. H., Mechanics' Institute Buildings, Bradford.

Mayer, Chas. F., 270, Strand, W. C.

Mearns, Rev. James, M.A., Whitchurch, Reading.

Middleton Wake, Rev. C. H., 5, Carlton Road, Tunbridge Wells.

Miller, A. W. K., M.A., British Museum.

Mills, the Hon. C. W., c/o Glyn, Mills, Currie & Co., 71, Lombard Street, E.C.

Mocatta, F. D., 9, Connaught Place, Hyde Park, W.

Moring, Alexander, 52a, High Holborn.

Müller, Wilhelm, 30, Wellington Street, Strand, W. C.

Murray, C. Fairfax, 17, Shaftesbury Road, W.

Naake, A., J. T., British Museum.

National art Library (W. H. J. Weale, Librarian), South Kensington.

Neale, A., 60, Boundary Road, South Hampstead, N. W.

Newcastle Public Library.

Newton Robinson, Charles E., 18, Kensington Square W.

Noble, J. H. Brunel, M.A., 14, Pall Mall, S. W.

Ogle, John J., Public Librarian, Bootle; 259, Hawthorne Road, Bootle.

Owen, Edward H., F.S.A., Ty Coch, near Carnarvon.

Pearce, Edwin, 44, Fore Street, Taunton.

Pennell, Joseph, 14, Buckingham Street, Strand, W. C.

Pixley, Francis W., F.S.A., 23, Linden Gardens, W.

Pollard, A. W., M.A., 13, Cheniston Gardens, W. (*Hon. Secretary*).

Proctor, Robert, B.A., British Museum.

Powell, F., Yorke, F.S.A., M.A., Regius Professor of Modern History, Christ Church, Oxford.

Quilter, Harry, M.A., 21, Bryanston Square, W.

Quinton, John, Norfolk and Norwich Library, Norwich.

Railton, Alex. B., 31, Cornford Grove, Bedford Hill, Balham, S. W.

Redgrave, G. R., Assoc.I.C.E., The Elms, Westgate Road, Beckenham, Kent.

Redway, G., The Knoll, Park Hill, Ealing.

REED, Mrs. Talbot, 1, Hampstead Lane, Highgate.

RIVINGTON, Chas. R., F.S.A., Stationers'Hall, E.C.

ROBERTSON, A. W., M.A., Librarian, Public Library, Aberdeen.

ROBSON, Philip Appleby, 9, Bridge Street, Westminster.

ROTTON, J.F., Q.C., 3, Boltons, West Brompton, S. W.

RYLANDS, Mrs., Longford Hall, Stretford, Manchester.

RYLANDS, Thos. Glazebrook, F.S.A., M.R.I.A.,F.R.A.S., Highfields, Thelwall, nr. Warrington.

SAYLE, Charles, 2, Harvey Road, Cambridge.

ST. BRIDE FOUNDATION INSTITUTE. (F. W. T. Lange, Librarian), Bride Lane, Fleet Street, E. C.

SHUM, Frederick, F.S.A., 17, Norfolk, Crescent, Bath.

SIGNET LIBRARY, EDINBURGH. (T. G. Law, Librarian.)

SIME, John, 4, Hampstead Lane, Highgate, N.

SLACK, John Bamford, 10, Woburn Square, W. C.

SLATER, J. H. Editor "Book Prices Current", 35, Tivol Road, Crouch End, N.

SMITH, Alfred Earnshaw, 13, Trinity Street, Cambridge.

SMITH, A. Murray, 15, Waterloo Place, S. W.

SMITH, W. J., 43, North Street, Brigthon.

SOCIETY OF ANTIQUARIES, Burlinghton House.

SONNENSCHEIN, William Swan, 62, Russel Square, W. C.

SPENCE, Charles James, South Preston Lodge, North Shields.

STEELE, Robert, Chemical Society, Burlington House.

STEVENS, H. N., 39, Great Russell Street, W. C.

STILES, Robert Edward, 39, Great Russell Street, W. C. ; Agent for British Museum.

STOATE, W., Belmont, Burnham, Somerset.

STOCK, Elliot, 62, Paternoster Row, E.C.

STRANGE, E. F., National Art Library, South Kensington.

TEDDER, Henry R., F.S.A., Secretary and Librarian, Athenæum Club, Pall Mall, S. W.

THOMPSON, S. E., Public Library, Swansea.

Timmins, Sam., F.S.A., Spring Hill, Arley, Coventry.

Tregaskis, J., 232, High Holborn, W. C.

Trinity College Dublin. (T. K. Abbott, Librarian. —
Agents : Hodges, Figgis & Co., 104, Grafton Street, Dublin.)

University College, Liverpool.

Unwin, George, 27, Pilgrim Street, E. C.

Unwin, T. Fisher, 11, Paternoster Buildings, E.C.

Virtue, Right Rev. John, Bishop of Portsmouth, Edinburgh
Road, Portsmouth.

Welch, Charles, F.S.A., City Librarian, Guidhall, E.C.

Wheatley, Henry B., F.S.A., 2, Oppidans Road, Chalk
Farm, N. W.

White, Gleeson, 10, Theresa Terrace, Ravenscourt Park, W.

Wilcocks, H. S., 32, Wyndham Square, Plymouth.

Wilkinson, Thos. R., Vale Bank, Knutsford, Cheschire.

Williams, H. R., The Priory, Hornsey, N.

Williams, Thomas W., B. A., Flax Bourton, Somerset
R.S.O.

Williamson, G. C., Litt., D., The Mount, Guildford.

Wilson, Thomas, B.A., Rivers Lodge, Harpenden, Herts,
S.O.

Winchester, Ch. Blake, I.C.S., Satàra, Bombay Presi-
dency, India.

Windsor, Right Hon. Lord, Hewel Grange, Redditch.

Wohllebens, Th., 45, Gt. Russell Street.

Worman Ernest J., 41, Norwich Street, Cambridge.

Wright, W. H. K., Free Public Library, Plymouth.

Young, William, Stanhill Court, Charlwood, Surrey.

Zaehnsdorf, J., 144, Shaftesbury Avenue, W. C.

AMERICAN MEMBERS

Andrews, William Loring, 14, East 38th Street, New York
N.Y.

Armour, George A., Princeton, New Jersey.

Arnold, Wm., Harris c/o The Syndicate Trading Co., 120, Franklin Street, New York, N.Y.

Beer, William, Howard Memorial Library, New Orleans, La.

Benjamin, W. E., 10, West, 22nd Street, New York, N.Y.

Biscoe, W. S., State Library, Albany, N. Y.

Blackwell, Henry, 26, University Place, New York, N.Y.

Boston Athenæum Library (Wm. C. Lane, Librarian) (Kegan Paul, Trench & Co., Agents).

Boston Public Library (G. E. Stechert, 30, Wellington Street, Strand, Agent.

Brewer, Owen W., 263, Wabash Avenue, Chicago, Ill.

Britton, Dr. Charles P., Trenton, New Jersey.

Caldwell, John, Edgewood Park, Alleghany Co., Pennsylvania.

Carter, Charles F., Bloomfield, N.J.

Cathcart, W. H., c/o Taylor, Austin & Co., Cleveland, Ohio.

Chew, Beverly, 37, Wall Street, New York, N.Y.

Cole, George Watson, c/o G. E. Stechert, 9 W. 16 Street, New York, N.Y.

Deats, H. E., Flemington, New Jersey.

De Vinne, Theo. L., 12, Lafayette Place, New York, N. Y.

Dodd, Robert H., 151, Fifth Avenue, New York, N.Y.

Eakins, W. G., Osgoode Hall, Toronto, Canada.

Eames, Wilberforce, Lenox Library, New York.

Edelheim, Carl, 202, West Logan Square, Philadelphia, Pa.

Elliott, Robert, Hannibal, Missouri.

Ellsworth, James W., 1820, Michigan Avenue, Chicago, Ill.

Fleischner, Otto, Public Library, Boston, Mass.

Foote, Charles B., 7, Pine Street, New York, N.Y.

Furman, Miss Dorothy, Flushing, Long Island, N.Y.

Goldsmith, Abraham, 154, Nassau Street, New Vork, N.Y.

Grolier Club, 29, East 32nd Street, New York, N.Y.

Gutman, Malvin, 115, East. 81st Street, New York, N.Y.

Haber, Louis I., 149, West 78th Street, New York, N.Y.

Hannah George, 353, West 28ih Street, New York, N.Y.

Hawkins, Rush C., 21, West 20th Street, NewYork, N. Y.

Hoe, Robert, 504, Grand Street, New York, N.Y.

Holden, Edwin B., 311, West, 82nd Street, New York, N.Y.

Hollingsworth, A. L., 35, State Street, Boston Mass.

Hunt, E. B., Public Library, Boston, Mass.

Jackson, Rev. Samuel Macaulay, "The Jansen", Waverly Place, New York, N.Y.

James, W. J., Librarian of Wesleyan University, Middle-town, Conn.

Johns Hopkins University Library (Nicholas Murray, Librarian), Baltimore Md.

Kalbfleisch, C. C., 8, West 49th Street, New York, N.Y.

Lefferts, Marshall C., 31, Eust 65th Street, New York, N.Y.

Loewy, Benno, 206, Broadway, New York, N.Y.

Livingstone, Luther S., 151, Fifth Avenue, New York, N.Y,

Mac Quilkin, A. H., 212, Monroe Street, Chicago Ill.

Marshall, Frank E., 22, Merchants Exchange Building, Philadelphia, Pa.

Mercantile Library Association (W. T. Peoples, Librarian), Astor Place. New York, N.Y.

Miller, Dewitt, Drawer, 1612, Philadelphia Pa.

Moore, Thomas Ewing, U.S. Consulate, Weimar, Germany.

Morgan, Junius S., 44, Pine Street, New York.

Morris, Frederick W., 114, Fifth Avenue, New York, N.Y.

Nelson, Chas. Alexander, Columbia University Library, Madison Avenue and 49th Street, New York, N.Y.

Newark Library, Newark, N.J. (F.P. Hill, Librarian).

Newberry Library, Chicago (R. B. McConnell, Secretary.)

New York Public Library (B. F. Stevens, 4, Trafalgar Square, Agent).

North, Ernest Dressel, 153, Fifth Avenue, New York (*Hon. Secretary for the Society en the U. S. A.*)

O'SULLIVAN, Percy B., 44, Wall Street, New York, N.Y.
PALITS, Victor Hugo, Lenox Library, New York, N. Y.
PAYSON, G. S., 32, Bank St. Street, New York, N.Y.
PAYSON, S. Clifford, 480, North State Street, Chicago, Ill.
PEABODY, Mrs. F. Stuyvesant, Oakend, Evanston, Ill.
PECK, A. L., Free Library, Gloversville, N. Y.
PHILLIPS, Henry L., 15, East 80th Street, New York, N. Y.
PRATT INSTITUTE, Brooklyn, N.Y. (Miss Plummer, Librarian).
PRINCETON UNIVERSITY, Princeton, N. J. (E. C. Richardson, Ph.D., Librarian).
PYNE, Moses Taylor, 52, Wall Street, New York, N.Y.
SALEM PUBLIC LIBRARY, Salem, Mass. (Gardiner M. Jones, Librarian).
SCRIBNER, Charles, 153, Fifthe Avenue, New York, N. Y.
SHERWIN, H.A., c/o Sherwin-Williams Co. Cleveland, Ohio.
STURGIS, Henry C., 56, East 34th Street, New York, N.Y.
VANDERBILT, George W., 640, Fifth Avenue, New York, N.Y.
VAN NAME, Addison, Yale University, New Haven, Conn.
WALKER Charles Cobb, 2027, Prairie Avenue, Chicago Ill.
WHITE, W. A., 158, Columbia Heights, Brooklyn, N.Y.
WHITNEY, James L., Public Library, Boston, Mass.
WILLIAMSON, G. M., 32, Walker Street, New York, N.Y.
WINSOR, Justin, Cambridge, Mass. (Kegan Paul, Trench & Co, Agents).
WRENN, John H., 225, La Salle Street, Chicago, Ill.
YARD, F. B., 6, North Broad Street, Trenton, N.J.

FOREIGN MEMBERS

APPONYI, Count Alexander, Lengyel, Tolna, M., d'Hungary.
BERLIN KK. BIBLIOTHEK (Asher & Co., 13, Bedford Street, Covent Garden, Agents).
BERLIN KÖNIGL. MUSEEN (Asher & Co., Agents).

BIBLIOTHÈQUE NATIONALE, Paris (Th. Wohlleben, 45, Great Russell Street, Agent).

BONAPARTE (S. A. I. le Prince Roland), 10, Avenue d'Iéna, Paris.

BURGER, Konrad, Buchhändlerhaus, Leipzig (*Honorary Member*).

CERCLE DE LA LIBRAIRIE (J. Chatrousse, Secretary.), 117, Boulevard Saint-Germain, Paris.

CLAUDIN, A., 3, rue du Pont, Charenton, Seine.

COPENHAGEN ROYAL LIBRARY, (C. Brun, Librarian).

DAUZE, Pierre, Editor of Répertoire des Ventes, 9, Faubourg Poissonnière, Paris (*Corresponding Member*).

DELISLE, Léopold, Administrateur-Général, Bibliothèque Nationale, Paris (*Honorary Member*).

GÄTTINGEN K. UNIVERSITÖTSBIBLIOTHEK (Dr. Dziatzko, Librarian) (Asher & Co., Agents).

KÖNIGSBERG UNIVERSITÖTSBIBLIOTHEK (Asher & Co., Agents).

LUTHER, Dr. Königl, Bibliothek, Berlin.

LIPPMANN, Dr., Königl, Museum, Berlin).

MUNICH K. HOF-UND STADTBIBLIOTHEK (Kegan Paul & Co., Agents).

NIJHOFF, Martinus, The Hague.

PELLECHET, Mademoiselle, 30, rue Blanche, Paris.

PONFICK, Charles, 12, Karthäuser Strasse, Cassel.

RIVOLI, M. le duc de, 8, rue Jean Goujon, Paris.

ROSENTHAL, Ludwig, Munich.

ROSENTHAL, Jacques, 10, Karlstrasse, Munich.

VIENNA KK. UNIVERSITÄTSBIBLIOTHEK (Asher & Co., Agents).

GROLIER CLUB

OFFICERS

PRESIDENT :

Beverly CHEW.

VICE-PRESIDENT :

Samuel P. AVERY.

TREASURER :

Edward H. BIERSTADT.

SECRETARY :

Frederick A. CASTLE.

LIBRARIAN :

Richard Hoe LAWRENCE.

MEMBERS :

ABBOT, Edwin H., 50, State Street, Boston, Mass.
ADAM, Robert, Buffalo, N.Y.
ADAMS, Edward, 15, Broad Street, N.Y.
ADEE, David, 146, Brodway, N.Y.
AITKEN, John W., 873, Broadway, N.Y.
ALLEN, Chas. Dexter, P. O., Box, 925, Hartford, Conn.
ANDREWS, William, 16, East, 38 th. Street, N.Y.
APPLETON, Daniel, 28, East, 36 th. Street, N.Y.
APPLETON, Edward, 72, Fifth Avenue, N.Y.
APPLETON, William, 72, Fifth Avenue, N.Y.
ARMOUR, George A., 120, Lake Shore Drive, Chicago, Ill.
ARNOLD, William Harris, 120, Franklin Street, N.Y.
ASHBEE, 53, Bedford Square, London, W.C., Eng.
ATTERBURY, Charles, 7, East 33d Street.
ATTERBURY, John Turner, 1, West, 47th Street, N.Y.
AVERY, Samuel, 4, East 38th Street.
AVERY, Samuel, 368, Fifth Avenue, N.Y.

Ayer, Edward, 1, Banks Street, Chicago, Ill.

Babb, George Fletcher, 874, Broadway, N.Y.

Barbott, Frank L., 316, Broadway, N.Y.

Bacon, Clarence, Tarrytown, N.Y.

Bacon, Francis, 22, West, 10th Street, N.Y.

Baldwin, Chas, N.Y.

Bancroft, Samuel, Wilmington, Del.

Bangs, Fletcher H., 739, Broadway, N.Y.

Bangs, Lemuel, London.

Barney, Charles T., 7, Wall Street, N.Y.

Bates, James H., 64, Remsen Street Brooklyn.

Beer, William, Howard Memorial Library, New Orleans.

Belden, Charles, Litchfield, Conn.

Bement, Edward, 31, East, 24th Street, N.Y.

Benedict, Henry, 327, Broadway, N.Y.

Bennett, William Lyon, 179, Church. St., New Haven, Conn.

Benson, Frenk Sherman, 214, Columbia Heights, Brooklyn.

Berg, Charles, 34, Gramercy Park, N.Y.

Bernheim, Abram, 12, East, 65th Street, N.Y.

Betts, Frederick, 78, Irving Place, N.Y.

Bien, Joseph R., 148, Sixth Avenue, N.Y.

Bien, Julius, 321, West 57th Street, N.Y.

Bierstadt, Edward, 50, Broadway, N.Y.

Bishop, Heber, 15, Broad Street, N.Y.

Bispham, William, 12, West 18th Street, N.Y.

Blactchford, 375, La Salle Ave., Chicago, Ill.

Bliss, George, 37, West 25th Street, N.Y.

Bolton, Robert, 45, Barclay Street, N.Y.

Boughton, G., West House, Campden Hill, Kensington, London.

Bowker, Richard, 28 Elm Street, N.Y.

Brainerd, Cephas, 34, East 53d Street, N.Y.

Brainerd, Ira, N.Y.

Brett, George, Darien, Conn.

Bridgman, Henry, 806 Broadway, N.Y.
Bristol, Louis, 792, Chapel St., New Haven Conn.
Brown, Harold, 357, Benefit St., Providence, R. I.
Brown, John Nichols, 357, Benefit St., Providence, R.I.
Brown, Joseph, 5, Nassau Street, N.Y.
Brown, Robert, 21, West 127th Street, N.Y.
Browne, Irving, 16, Court Street, Buffalo, N.Y.
Bull, W. Lanman, 38, Broad Street, N.Y.
Bullock, George, 350, Broadway, Cincinnati, O.
Butler, Richard, 8, West 43d Street, N.Y.
Butler, William Allen, 54, Wall Street, N.Y.
Cable, Benjamin, Chicago Club, Chicago, Ill.
Caldwell, John, Westinghouse B'ld'g, Pittsburgh, Pa.
Caldwell, William, 44, Pine Street, N.Y.
Camp, Hugh, 55, Liberty Street, N.Y.
Carey, William, 33, East 17th Street, N.Y.
Carpenter, Charles, 428, West End Avenue, N.Y.
Carr, John, Oxford (England).
Carter, Walter, 96, Broadway, N.Y.
Castle, Frederick, 51, West 58th Street, N.Y.
Castle, George, 45, East, 10th Street. N.Y.
Caswell, John, 11, West 48th Street, N.Y.
Chandler, Charles, 41, East 49th Street, N.Y.
Chauncey, Elihu, 22, East 22d Street, N.Y.
Chew, Beverly, 1425, Broadway, N.Y.
Chichester, Charles, 33, East 17th Street, N.Y.
Church, E. Dwight, 129, Pearl Street, N.Y.
Clark, Charles, 831, Madison Avenue, N.Y.
Clark, James Wilson, 46, East 53d. Street, N.Y.
Clarke, Edward, Miller Road, Morristown, N.J.
Cole, Théodore, Corcoran B'ld'g, Washington, D.C.
Constable, Casimir, Constableville, N.Y.
Cook, Charles, 2, West 48th Street, N.Y.
Coombs, William, 78, South Street, N.Y.

Cox, Charles, Grand Central Depot, N.Y.
Cox, Henry, 236, Henry Street, Brooklyn.
Cram, George, 148, East Avenue, Norwalk, Conn.
Cram, Ralph Adams, 53, State Street, Boston, Mass.
Crooks, R. Fleming, 64, John Street, N.Y.
Crouse, Clarence, Utica, N.Y.
Cutting, William Bayard, 372, Fifth Avenue, N.Y.
Davies, William Gilbert, 22, East, 45th Street, N.Y.
De Forest, George, 14, East 50th Street, N.Y.
De Forest, Robert, 7, N., Washington Square, N.Y.
Delanoy, William, 500, Madison Avenue, N.Y.
Derr, Andrew, Wilkesbarre, Pa, N.Y.
De Winne, Theodore, 300 West 76th Street, N.Y.
De Winne, Theodore, 12, La Fayette Place, N.Y.
De Witt, William, 10, West 30th Street, N.Y.
Dick, William, 18, Ann. Street, N.Y.
Dix, Morgan, 27, West 25th Street, N.Y.
Dodd, Robert, 149, Fifth Avenue, N.Y.
Dodge, George, 45, Broadway, N.Y.
Dominick, H. Blanchard, 14, West 49th Street, N.Y.
Douglas, George W., N.Y.
Dows, Tracy, Cambridge, Mass, N.Y.
Drake, Alexandre, 33, East 17th Street, N.Y.
Drummond, Isaac Wyman, 101, Fulton Street, N.Y.
Du Bois, Loren, 68, Devonshire Street, Boston, Mass.
Duprat, Alphonse, 349, Fifth Avenue, N.Y.
Edelheim, Carl, 202, W., Logan Sq., Philadephia, Pa.
Edwards, George Wharton, 96, Fifth Avenue, N.Y.
Edwards, Walter, 120, Broadway, N.Y.
Egleston, Thomas, 35, West Washington Square, N.Y.
Ellis, Gilbert, 29, New Bond Street, London.
Ellis, Harvey, 784, Powers B'ld'g, Rochester, N.Y.
Ellswosth, James, 355, Dearborn Street, Chicago, Ill.
Ellsworth, William, 33, East, 17th Street, N.Y.

ELLWANGER, Wm. D., 721, East Main St., Rochester, N. Y.
ENO, Henry, Saugatuck, Conn.
EVANS, Thomas, 49, Nassau Street, N.Y.
EVARTS, Sherman, 53, Wall Street, N.Y.
FAILING, Henry, Portland, Ore.
FEARING, Daniel, Newport, R.I.
FISH, Frederick, 40 Water Street, Boston, Mass.
FISKE, Haley, 1, Madison Avenue, N.Y.
FLINT, David, 360, Commonwealth Ave., Boston, Mass.
FOOTE, Charles, 7, Pine Street, N.Y.
FORD, Paul Leicester, 97, Clark Street, Brooklyn.
FOWLER, Thomas Powell, 39, East 68th Street, N.Y.
FRANKLIN, William, 74, Prospect St., East Orange, N.J.
FRASER, George, 2013, Hillyer St., Washington, D.C.
FRASER, W. Lewis, 33, East 17th Street, N.Y.
FREER, Charles, Detroit, Mich.
FRENCH, Fred. 107, Milk Street, Boston, Mass.
FROST, E. Horry, 5, East Battery, Charleston, S. C.
GALE, Edward, 59, First Street, Troy, N.Y.
GARLAND, James, 259, Madison Avenue, N.Y.
GARRETT, John, Princeton, N.J.
GAUNT, James, 259, Madison Avenue.
GAUNT, James, 32, West 33d Street, N.Y.
GIBBINS, Louis, 32, Liberty Street, N.Y.
GIBBS, Theodore, 146, Broadway, N.Y.
GIBSON, Geo Rutledge, 55, Broadway, N.Y.
GILLISS, Walter, 616, Madison Avenue, N.Y.
GILMAN, Daniel, Johns Hopkins Univ., Baltimore, Md.
GODDARD, Frederick, 100, Bleecker Street, N.Y.
GODDARD, Robert, 160, Hope St., Providence, R.I.
GOLDSCHMIDT, Samuel, 12, East 58th Street.
HABER, Louis, 149, West 78th Street, N.Y.
HANNAH, George, 352, West 28th Street.
HARPER, J. Henry, 269, Madison Avenue, N.Y.

HART, Charles Henry, Drexel Building, Philadelphia, Pa.

HAVEMEYER, Henry, 117, Wall Street, N.Y.

HAVEMEYER, William, 29, West, 19th Street, N.Y.

HAWKINS, Rush, 21 West 20th Street, N.Y.

HAZEN, George, 33, East 17th Street, N.Y.

HELMUTH, William Tod., 299, Madison Avenue, N.Y.

HERTER, Christian, 839, Madison Avenue, N.Y.

HIGGINSON, George, 175, Goethe Street, Chicago, Ill.

HILDEBURN, Chas., 1015, Clinton Street, Philadelphia.

HILLHOUSE, Thomas, 73, Park Avenue, N.Y.

HINTON, John, 41, West 32d Street, N.Y.

HOE, Peter, 504, Grand Street, N.Y.

HOE, Richard, 11, East 71st Street, N.Y.

HOE, Robert, 11, East 36th Street, N.Y.

HOFFMAN, Sam. Verplanck, Johns Hopkins Univ., Baltimore, Md.

HOLDEN, Edwin, 1, Broadway.

HOLLINGSWORTH, Amor, 64, Federal Street, Boston, Mass.

HOPKINS, Frank, 12, La Fayette Place, N.Y.

HOWE, Fischer, 53, State Street, Boston, Mass.

HOYT, Alfrled, 934, Madison Avenue.

HOYT, Joseph Blackley, 88, Gold Street, N.Y.

HUNTINGTON, Archer, 65, Park Avenue, N.Y.

HUTCHUISON, Chas. Hare, 1617, Walnut St., Philadelphia, Pa.

INGLIS, James, 144, Fifth Avenue, N.Y.

IRWIN, Dudley, Oswego, N.Y.

IRWIN, Theodore, Oswego, N.Y.

IVES, Brayton, 44, East 34 th. Street, N.Y.

IVINS, William, 123, West 86th Street, N.Y.

JACKSON, Frank, 12, West 18th Street, N.Y.

JACKSON, Frederick Wendell, Westchester, N.Y.

JAFFRAY, Robert, 58, West, 46th Street, N.Y.

JOHNSON, Thomas, 511, Bainbridge Street, Brooklyn.

JOLINE, Adrian, 54, Wall Street, N.Y.

KALBFLEISCH, Charles, 8, West 49th Street, N.Y.
KAUFFMANN, Samuel, 1421, Massachusetts Aven., Washington.
KENDALL, Edward, 150, Fifth Avenue, N.Y.
KENNEDY, Edward, 58, West 21st Sreet, N.Y.
KENNEDY, John, 6, West 57th Street, N.Y.
KEPPEL, Frederick, 20, East 16th Street, N.Y.
KING, David Bennett, 44, Pine Street, N.Y.
KNIGHT, Charles, 147, West 57th Street, N.Y.
KNOEDLER, Roland, 122, West 13th Street, N.Y.
KUNZ, George, Carr of Tiffany & Co, N.Y.
KURTZ, Wiliam, 103, West 69th Street, N.Y.
LADD, Charle, Portland, Ore.
LADD, William, Portland, Ore.
LA FARGE, John, 51, West 10th Street, N.Y.
LANE, J. Remsen, 34, Pine Street, N.Y.
LAW, James Tewkesbury, 253, Broadway, N.Y.
LAW, Walter, 884, Broadway, N.Y.
LAWRENCE, Cyrus, 81, Park Avenue, N.Y.
LAWRENCE, Richard Hoe, 81, Park Avenue, N.Y.
LEARNED Walter, New London, Conn.
LEFFERTS, Marshall, 34, East 65th Street, N.Y.
LEGGETT, Francis H., 6, West 43d Street, N·Y.
LEOSER, Charles, Larchmont Manor, N.Y.
LOCKWOOD, Isaac Ferris, 288, Lexington Avenue, N.Y.
LOUNSBERY, Richard, 15, Bond Street, N.Y.
MCALPIN, Charles, 11, East 90th Street, N.Y.
MACBETH George, Pittsburgh, Pa.
MACLAY, Robert, 50, West 57th Street, N.Y.
MCCLURG, Alexander, 117, Wabash Avenue, Chicago, Ill.
MCKEE, Thomas, 237, West 24th Street, N.Y.
MACMILLAN, Frederick, 7, Nortwich Terrace, St. John's Wood Road, London.
MAGHEE, John Holme, 222, Pacific Ave., Jersey City, N.J.
MAGONIGLE, H. Van Buren, 15, Blagden Street, Boston, Mass.

MANSFIELD, Howard, 15, Broad Street, N.Y.

MARBURG, Théodore, 45, Avenue du Bois de Boulogne, Paris.

MARIÉ, Léon, 12, East 46th Street, N.Y.

MARIÉ, Peter, 48, West 19th Street, N.Y.

MARLOR, Henry, 18, East 78th Street, N.Y.

MARQUAND, Allan, Princeton, N.J.

MARQUAND, Henry, 11, East 68th Street N.Y.

MARQUAND, Henry G., 11, East, 68th, Street, N.Y.

MARVIN, Samuel, 153, Fifth Avenue, N.Y.

MASON, Burdett, 33, via Margutta, Rome.

MATTHEW, William, 19, Pierpont, Street, Brooklyn.

MEAD, Theodore, 100, East 39th Street, N.Y.

MEAD, Wilson Leroy, 114, Monroe Street, Chicago, Ill.

MERRYWEATHER, George, 601, The Rookery, Chicago, Ill.

MILLER, Cyrus, 120, Broadway, N.Y.

MILLER, Edgar, 213, East German St., Baltimore, Md.

MILLS, Charles, 15, East 16th Street, N.Y.

MORGAND, Junius, Harrisson, N.Y.

MOWE, William, 132, East 36th Street, N.Y.

MYNDERSE, Wilhelmus, 54, Wall Street, N.Y.

NEWTON, A. Edward, 259, North Broad Street, Philadelphia, Pa.

NICHOLS, George, 331, West 89th Street, N.Y.

NORTON, Eliot, 59, Wall Street, N.Y.

OGDEN, Charles, 31, West, 20th Street, N.Y.

OSBORNE, John, 130, South Street, Auburn, N.Y.

PAGE, John, 304, West 85th Street, N.Y.

PALMER, Elisha, New London, Conn.

PALMER, Robert, 207, West Gray Street, Elmira, N.Y.

PARSONS, Arthur Jeffrey, 1818, N Street, Washington, D.C.

PARSONS, Joseph, 29, Broadway, N.Y.

PAYSON, George, 834, The Rookery, Chicago, Ill.

PAYSON, Samuel Clifford, 501, Colombus Memorial, B'ld'g, Chicago, Ill.

PEABODY, Francis, Oak End, Evanston, Ill.
PENNEL, Joseph, 22, Old Broad Street, London.
PERCIVAL, James, 32, West 46th Street, N.Y.
PERKINS, John, Oswego, N.Y.
PETERS, Samuel, 1, Broadway, N.Y.
PHILIPP, Moritz, 7, Beekman Street, N.Y.
PIERSON, Bowen, 235, Whest 43d Street, N.Y.
PINCHOT, James, 2, Gramercy Square, N.Y.
PINE, John, 67, Wall Street, N.Y.
PLIMPTON, George, 70, Fifth Avenue, N.Y.
POOR, Henry, 20, Wall Street, N.Y.
PORTER, Horace, 15, Broad Street, N.Y.
PRANG, Louis, 286, Robury Street, Boston, Mass.
PRIME, William, 38, East 23d Street, N.Y.
PROCTER, Harley, United Bank B'ld'g, Cincinnati, Ohio.
PURDY, J. Harsen, 14, East 38th Street, N.Y.
PURDY, J. Henry, 140, Nassau Street, N.Y.
PYNE, M. Taylor, 52, Wall Street, N.Y.
READ, William, 140, Colombia Heights, Brooklyn.
REID, Whitelaw, 451, Madison Avenue, N.Y.
RHEAD, Louis, 72, Ocean Avenue, Flatbush, N.Y.
RIDER, Wheelock, Rochester, N.Y.
RIKER, Richard, 26, East 62d Street, N.Y.
ROBB, J. Hampdem, 23, Park Avenue, N.Y.
ROGERS Charles, 161, Park Avenue, Utica, N.Y.
ROWE, Henry, 93, Newbury Street, Boston, Mass.
ROWELL, George, 4, West 49th Street, N.Y.
SAGE, Dean, Albany, N.Y.
SAMPSON, Edward, 10, West 48th Street, N.Y.
SANFORD, William, Colorado Springs, Col.
SCARBOROUGH, The Earl of, Sandbeth Park, Rotherham,
Yorkshire (England).
SCRIBNER, Arthur, 10, West 43d Street, N.Y.
SCUDDER, Henry, 21, East 22d Street, N.Y.

Seligman, Theodore, 39, West 57th Street, N.Y.
Sewall, Henry, 955, Madison Avenue, N.Y.
Sheldon, Edward, 23, Fifth Avenue, N.Y.
Shipman, Louis Evan, New Canaan, Conn.
Shugio, Heromich, 3300, O Street, Washington.
Simons, James, 177, West 88th Street, N.V.
Simpson, John, 10, Wall Street, N.Y.
Smith, A. Alexander, 40, West 47th Street, N.Y.
Smith, Charles, 25, West 47th Street, N.Y.
Smith, Howard, 25, West 47th Street, N.Y.
Smith, Howard, Water Street, Toledo, Ohio.
Smith, Robert, 205, East 12th Street. N.Y.
Smith, T. Guilford, 9, German Ins. B'ld'g, Buffalo, N.Y.
Smith, William Wheeler, 7, Wall Street, N.Y.
Sprague, Henry, 146, Broadway, N.Y.
Statzell, Henry, 35, Madison Avenue, N.Y.
Stetson, Francis Lynde, 576, Madison Avenue, N.Y.
Stevens, George, 33, West, 33d Street, N.Y.
Stockton-Hough, John, Trenton, N.J.
Stringer, Geo. Alfred, 248, Georgia Street, Buffalo, N.Y.
Sturges, Frederick, 36, Park Avenue, N.Y.
Sturges, Henry Cady, 56, East 34th Street, N.Y.
Sturgis, Russell, 307, East 17th Street, N.Y.
Talmage, Frelinguysen, 155, Joralemon Street, Brooklyn.
Tappen, Frederick, 36, Wall Street, N.Y.
Taylor, Alfred, 369, Lexington Avenue, N.Y.
Taylor, John Howard, 80, Broadway, N.Y.
Teeney, Dudley, 44, West 52d Street, N.Y.
Thacher, John Boyd, Albany, N.Y.
Thomas, Douglas, Merchant's Nat'l Bank, Baltimore, Md.
Thomas, Edward Russel, 7, West 57th Street, N.Y.
Thomas Henry, 63, East, 52d Street, N.Y.
Thompson, E. Ray, 24, First Street, Troy, N.Y.
Thompson Frederick, First National Bank, Wall Street, N.Y.

THORNELL, Henry, 45, Wall Street, N.Y.

TIFFANY, Louis, 72d Street, cor. Madison Avenue, N.Y.

TILNEY, John, Orange, N.J.

TOMPKINS, Hamilton, 229, Broadway, N.Y.

TONNELÉ, Walter, 48, East 68th Street, N.Y.

TOWNSEND, John, 53, East, 54th Street, N.Y.

TRAVIS, George, 10, Astor Place, N.Y.

TROWBRIDGE, Edwin, 123, East 39th Street, N.Y.

TROWBRIDGE, Frederick, 115, East 37th Street, N.Y.

TROWBRIDGE Roberston, 3, East, 74th Street, N.Y.

TUCK, Edward, 53, East 54th Street, N.Y.

TURNURE, Arthur, 61, Union Place, N.Y.

UHL, John Howard, 62, Worth Street, N.Y.

UPDIKE, Daniel Berkeley, 6, Beacon Street, Boston, Mass.

VAIL, Henry, 806, Broadway, N.Y.

VANDERBILT, Cornelius, 1 West 57th Street, N.Y.

VANDERBILT, George, 640, Fifth Avenue, N.Y.

VAN EMBURGH, David, 504, Fifth Avenue, N.Y.

VAN WAGENEN, Bleecker, 149, Fifth Avenue, N.Y.

WALTERS, Harry, 5, Mt. Vernon Place, Baltimore, Md.

WATSON, John Hall, 671, Fifth Avenue, N.Y.

WATT, Alexander, 29 B., Abbey Road St., John's Wood, London.

WAY, W. Irving, 1322, Monadnock B'ld'g, Chicago, Ill.

WEBB, Walter, 51, East 44th Street, N.Y.

WESTINGHOUSE, Herman, Pittsburgh, Pa.

WHEELER, John Visscher, University Club, N.Y.

WHITE, Stanford, 57, Broadway, N.Y.

WHITE, William A., 130, Water Street, N.Y.

WHITE, William G., National Ger. B'k. B'ld'g, St. Paul Minn.

WICKERSAM, Geo. Woodward, 36, Wall Street, N.Y.

WILLIAMS, Chauncey, 1417, Monadnock B'ld'g, Chicago, Ill.

WILLIAMS, David, 43, East 67th Street, N.Y.

TROISIÈME PARTIE

———

L'ANNÉE THÉATRALE

ET

BIBLIOGRAPHIQUE

LES PREMIÈRES THÉATRALES

A PARIS EN 1897,

—

Comédie-Française

Administrateur général : M. Jules CLARETIE
Secrétaire général : M. GUILLOIRE

15 janvier : *Aristophane et Molière,* à-propos en vers, par M. Jean Bertheroy.
29   id.   : *Mieux vaut douceur... et violence,* proverbe en 2 parties, par M. Edouard Pailleron.
15 février : *La Loi de l'homme,* comédie en 3 actes, par M. Paul Hervieu.
14 mai : *Frédégonde,* drame en 5 actes et en vers, par M. Alfred Dubout.
17 juillet : *La Vassale,* comédie en 4 actes, par M. Jules Case ; — *Les deux Palémon,* comédie en 1 acte, par M. Jules Truffier.
29 octobre : *Tristan de Léonois,* drame en vers, en 4 actes et 7 tableaux, par M. Armand Sylvestre.
21 décembre : *Notre ami Drolichon,* à-propos en 1 acte et en vers, de M. Ernest d'Hervilly.
24 id. : *La plus belle fille du monde,* conte dialogué, en vers libres, par M. Paul Déroulède.

Odéon

Directeur : M. GINISTY

7 janvier : *L'heureux Naufrage,* de Plaute, pièce adaptée par M. Jean Destrem ; — *La Belle-mère,* de Térence, pièce adaptée par M. Marcel Luguet.
13 id. : *L'Etranger,* comédie en 4 actes, par M. Auguste Germain ; — *Allez, messieurs!* comédie en 1 acte, par M. Tristan Bernard.
15 id. : *La Soubrette de Molière,* à-propos en 1 acte et en vers, par M. Emile Blémont.
20 id. : *Le Pont aux ânes,* farce en 1 acte et en vers, par M. G. Docquois ; — *Le Cuvier,* farce en 1 acte et en vers, par MM. Jules et Eugène Adenis ; — *L'Avocat Pathelin,* par MM. Brueys et Palaprat.
1ᵉʳ février : *Sous le Joug,* pièce en 1 acte, par M. Daniel Riche ; — *Pour le Roi,* drame en 1 acte, par M. Victor Barrucand ; — *La Promesse,* pièce en 3 actes, par M. J.-H. Rosny.
16 id. : *Le Chemineau,* drame en 5 actes, en vers, par M. Jean Richepin.

5 avril : *Dix ans après,* comédie en 1 acte, par MM. Pierre Weber et
Muhlfeld ; — *Trois cœurs,* pièce en 1 acte, par M. G. Mourey.

7 mai : *Irréguliers,* pièce en 3 actes, par MM. Alfred Bonsergent et
Charles Simon.

24 juin : *Don Juan en Flandre,* pièce en 1 acte, par MM. Virgile Josz
et Louis Dumur.

1er octobre : *Alcyoné,* 1 acte en vers, par M. G.-Al. Guérin ; — *Les
Menottes,* pièce en 3 actes, par M. Maurice Beaubourg ; —
L'Équilibre, comédie en 2 actes, par M. Pierre Soulaine.

14 id. : *Richelieu,* drame en 5 actes et 9 tableaux, d'après Bulwer-
Lytton, par M. Charles Samson.

20 décembre : *Jours d'exil,* à-propos en 1 acte, par M. Stanislas Rze-
wuski.

30 id. : *Le Passé,* comédie en 5 actes, par M. de Porto-Riche.

Opéra

Directeur : MM. BERTRAND et GAILHARD

Secrétaire général : M. Georges BOYER

19 février : *Messidor,* drame lyrique en 5 actes, paroles de M. Émile
Zola, musique de M. Bruneau.

31 mai : *L'Étoile,* pantomime-ballet en 2 actes, par MM. A. Aderer,
Camille de Rodaz et Hansen, musique de M. A. Wormser.

10 novembre : *Les Maîtres chanteurs,* comédie lyrique en 3 actes, poème
et musique de Richard Wagner, traduction de M. Alfred
Ernst.

Opéra-Comique

Directeur : M. CARVALHO

8 février : *Kermaria,* idylle en 4 actes, paroles de M. Gheusi, musique
de M. Erlanger.

18 octobre : *Le Spahi,* poème lyrique en quatre actes, d'après M. Pierre
Loti, par MM. Louis Gallet et André Alexandre, musique de
M. Lambert.

27 novembre : *Sapho,* pièce lyrique en 5 actes, par MM. Henri Cain et
Bernède, musique de M. Massenet.

14 décembre : *Daphnis et Chloé,* pastorale en 1 acte, paroles de M. Raffali,
musique de M. Busser ; — *L'amour à la Bastille,* opéra-
comique en 1 acte, par M. Augé de Lassus, musique de
Kirschmann.

Ambigu

Directeur : M. Émile ROCHARD

Secrétaire général : M. Armand LÉVY

19 novembre : *La Maîtresse d'École*, pièce en 5 actes et 7 tableaux, par M. Edmond Tarbé.

27 id. : *La Joueuse d'orgue*, pièce en 5 actes et 11 tableaux, par MM. Xavier de Montépin et Jules Dorsay.

Athénée-Comique

2 janvier : *Paris sur scène*, revue en 3 actes et 8 tableaux, par MM. Blondeau et Monréal.

27 février : *Madame Putiphar*, opérette en 3 actes, par MM. Depré et Xanrof, musique de M. Edmond Diet.

27 avril : *Séraphin*, pièce en 1 acte, par M. Loriot-Lecaudey.

1er novembre : *Gentil-Crampon*, opérette en 3 actes, par MM. Larcher, Monnier et Montignac, musique de M. Edmond Diet.

19 novembre : *Cocher, rue Boudreau !* revue en 3 actes et 8 tableaux, par MM. Gavault et de Cottens.

Bouffes-du-Nord

17 avril : *On va juger Polivar*, comédie-bouffe en 3 actes, par M. Jean Marcel.

Bouffes-Parisiens

Directeur : M. Georges GRISIER

Secrétaire général : M. E. VÉSIER

21 février : *La Peur du gendarme*, vaudeville-opérette en 3 actes, par M. Paul Ferrier, musique de M. Jules Darien.

17 avril : *Niobé*, pièce en 3 actes, par M. Maurice Ordonneau, d'après Paulton ; — *Pour sa couronne !* fantaisie-actualité, par MM. Fordyce et J. Varney.

13 mai : *Un Client sérieux*, pièce en 1 acte, par M. Georges Courteline.

3 juin : *Aux Frisons de Vénus*, vaudeville en 3 actes, par MM. Henri Kéroul et G. Sauger.

11 octobre : *Les Petites femmes*, opérette en 4 actes, paroles de M. A. Sylvane, musique de M. Ed. Audran.

16 novembre : *Les P'tites Michu*, opérette en 3 actes, par M. Albert Vanloo et G. Duval, musique de M. André Messager.

Cercle des Escholiers

16 mars : *Charité,* comédie en 3 actes, par M. Lucien Gleize   — *Plaisir de rompre,* 1 acte, par M. Jules Renard.

5 juin : *L'Enfant malade,* pièce en 4 actes, par M. Romain Coolus.

18 novembre : *Dans la nuit,* pièce en 5 actes, par MM. André de Lorne et Eugène Morel.

Cluny

Directeur : M. Léon MARX

Régisseur général : M. LUREAU

12 mai : *L'Ecole des Gendres,* vaudeville en 3 actes, par M. Bertol-Graivil.

2 septembre : *Le Pigeon,* comédie-bouffe en 4 actes, par MM. René Degas, Jean Hess et Gustave Berny.

23 octobre : *Monsieur le Major,* vaudeville militaire en 3 actes, par MM. Michel Carré et Bernède.

7 décembre : *Trop de fleurs,* vaudeville en 1 acte, par M. Bertol-Graivil.

Déjazet

Directeur : M. J. CALVIN

3 février : *Une Fille encombrante,* comédie-bouffe en 2 actes, par M. Albert Guimbourg.

1er octobre : *Le Dernier Cabinet,* comédie en 1 acte, par MM. Grébon et Castel.

9 novembre : *La Souris blanche,* opérette en 3 actes et 6 tableaux, par MM. Chivot et Duru, musique de MM. Léon Vasseur et Thuisy.

Folies-Dramatiques

Directeur : M. Jean PEYRIEUX

Secrétaire général : M. Charles ALZAR

10 février : *L'Auberge du Tohu-Bohu,* vaudeville-opérette en 3 actes, par M. Maurice Ordonneau, musique de M. Victor Roger.

18 août : *Quel coquin d'amour !* vaudeville-opérette en 3 actes, par MM. D. Juin et R. de Noter, musique de M. Armand Picheran.

2 décembre : *La Carmagnole,* opéra-comique en 3 actes par MM. L. d'Hurcourt, J. Lemaire et Darsay, musique de M. Paul Fauchery.

Gaité

Directeur : M. Debruyère

Secrétaire général : M. A. Vallin

5 novembre : *Mam'zelle Quat'sous*, opéra-comique en 4 actes, par MM. Antony Mars et Maurice Desvallières, musique de M. Planquette.

Gymnase

Directeurs : MM. Porel et Albert Carré

Secrétaire général : M. Émile Abraham

17 mars : *La Carrière*, comédie en 4 actes et 5 tableaux, par M. A. Hermant.
2 juin : *Rosine*, comédie en 4 actes, par M. Alfred Capus.
15 juin : *Sogno di un mattino di primavera*, poème dramatique en 1 acte, par M. Gabriel d'Annunzio.
8 octobre : *Les Trois filles de M. Dupont*, comédie en 4 actes, par M. Brieux.
8 novembre : *Le Monsieur noir*, 1 acte, par M. Charles Dantin ; — *Médor*, comédie en 3 actes, par M. Henri Malin.

La Bodinière

Directeur : M. Bodinier

Secrétaire : M. Vincent

13 mai : *Dégénérés*, comédie en 3 actes, par M. Michel Provins.
11 décembre : *Trop d'amour*, comédie-vaudeville en 3 actes, par MM. Ferdinand Beissier et J. Ballieu.

Nouveautés

Directeur : M. Micheau

Secrétaire général : M. Lionel Meyer

13 octobre : *Petites folles*, pièces en trois actes, de M. Alfred Capus.
20 décembre : *Madame Jalouette*, vaudeville en trois actes, par M. Léon Gandillot.

Nouveau-Théâtre

16 mars : *A la vie ! à la mort !* pièce en 6 tableaux, par M. Pierre Denis.
2 juin : *Ton droit, ton roi !* pièce par MM. Gaston Lesaulx et Eugène Fontaine.

Palais-Royal

Directeurs : MM. MUSSAY et BOYER

Régisseur : M. René LUGUET

25 février : *Le Terre-Neuve,* vaudeville en 3 actes, par MM. Bisson et Hennequin.

30 mars : *Séance de nuit,* vaudeville en 1 acte, par M. G. Feydeau.

28 octobre : *Les Fêtards,* pièce en 3 actes et 4 tableaux, par MM. Antony Mars et Hennequin, musique de M. Victor Roger.

Porte-Saint-Martin

Directeur : M. COQUELIN

12 avril : *La Montagne enchantée,* pièce fantastique en 5 actes et 12 tableaux, par MM. Emile Moreau et Albert Carré, musique de MM. A. Messager et X. Leroux.

13 septembre : *La Coupe et les lèvres,* drame lyrique en 5 actes et 6 tableaux, par M. Ernest d'Hervilly, musique de Gustave Canoby.

17 id. : *La Mégère apprivoisée,* comédie lyrique en 3 actes et 4 tableaux, paroles de M. Deshayes, musique de M. Frédéric Le Rey.

5 octobre : *La Mort de Hoche,* drame historique en 5 actes et 9 tableaux, par M. Paul Déroulède.

18 décembre : *Cyrano de Bergerac,* pièce en 5 actes et en vers, par M. Edmond Rostand.

Renaissance

Directrice : Mme SARAH-BERNHARDT

Secrétaire général : M. DELILIA

8 février : *Spiritisme,* comédie en 3 actes, par M. Victorien Sardou.

5 avril : *Snob,* comédie en 4 actes, par M. Gustave Guiches.

14 avril : *La Samaritaine,* évangile en 3 tableaux et en vers, par M. Edmond Rostand, musique de M. G. Pierné.

20 octobre : *Service Secret,* pièce en 4 actes, d'après M. W. Gillette, par M. Pierre Decourcelle.

15 décembre : *Les mauvais Bergers,* pièce en cinq actes, par M. Octave Mirbeau.

Théâtre Antoine

5 novembre : *Le Bien d'autrui,* comédie en 3 actes, par M. Émile Fabre ;
— *Hors les lois,* comédie en 1 acte en vers, par MM. Marsolleau et Arthur Byl.
26 id. : *Le Repas du lion,* pièce en 5 actes, par M. François de Curel.

Théâtre féministe

25 juin : *Hors du mariage,* pièce en 3 actes, par Mme Daniel Lesueur ;
— *Préludes,* pièce en 2 actes, par Mme Emma Gad.

Théâtre de la République

Directeur : M. LEMONNIER

Secrétaire général : M. A. DE JALLAIS

18 mars : *Le Banquier des Halles,* drame en 5 actes et 7 tableaux, par MM. Jean La Rode et Georges Rolle.
18 mai : *Le Bâtard Rouge,* drame en 5 actes, par MM. Rodolphe Bringer et Gaston Rennes.
13 juillet : *Les Champairol,* drame en 5 actes, par M. Fraisse.
28 août : *Le Camelot,* drame en 5 actes et 7 tableaux, par MM. Andry, Maurey et Jubin.
25 novembre : *Le P'tit Gars,* drame en 5 actes et 8 tableaux, par M. Fernand Meynet et Mme Marie Geffroy.

Théâtre de l'Œuvre

Directeur : M. LUGNÉ POE

Administrateur : M. J.-M. GROS

14 janvier : *La Motte de Terre,* pièce en un acte, par M. Louis Dumur.
26 janvier : *Au-delà des forces humaines,* pièce en 4 actes et 2 parties, par M. Bjœrnstierne Bjœrnson.
5 mars : *La Cloche engloutie,* conte dramatique en 5 actes, par M. Gerhardt Hauptmann, traduction de M. F. Herold.
8 mai : *Ton sang,* tragédie en 4 actes, par M. Henry Bataille.
15 mai : *Le Fils de l'abbesse,* thèse en 3 actes et 4 tableaux, par M. Ambroise Herdey ; — *Le Fardeau de la liberté,* comédie en 1 acte, par M. Tristan Bernard.
23 juin : *Comédie de l'amour,* pièce en 3 actes, par M. Henri Ibsen, traduction par MM. Colleville et Zeppelin.
9 novembre : *Jean-Gabriel Borkman,* pièce en 4 actes, par M. Henri Ibsen.

34

Variétés

Directeur : M. Samuel

Secrétaire général : M. Jules Brasseur

18 février : *Le Pompier de service,* pièce en 4 actes et 7 tableaux, par MM. V. de Cottens et Gavault.

31 octobre : *Paris qui marche,* revue en 3 actes, par MM. Monréal et Blondeau.

Vaudeville

Directeurs : MM. Porel et Albert Carré

Secrétaire général : M. Bernon

12 février : *La Douloureuse,* comédie en 4 actes, par M. Maurice Donnay.

2 octobre : *Jalouse !* comédie en 3 actes, par MM. Alexandre Bisson et Leclercq.

22 novembre : *L'Aveu,* comédie en 3 actes, par M. Léon Gleize.

REVUE BIBLIOGRAPHIQUE

DE L'ANNÉE 1897.

ALCAN

Boutroux (E.). *Études d'histoire et de philosophie,* in-8, 7 fr. 50.
Castelar (E.). *La Politique européenne,* in-8, 3 fr.
Charcot (J.-M.). *La Foi qui guérit,* in-8, 3 fr. 50.
Comte (A.). *La Sociologie résumée par E. Rigolage,* in-8, 7 fr. 50.
Ribot (T.). *L'Évolution des idées générales,* in-8, 5 fr.

BLOUD

Biré (E.). *Causeries historiques. Les Historiens de la Révolution,* in-8,
3 fr. 50.

BOUILLON

Paris (G.). *L'Anneau de la Morte,* in-4, 2 fr.

CALMANN LÉVY

Annunzio (G. d'). *Les Vierges aux Rochers,* in-18, 3 fr. 50.
Audebrand (Ph.). *Napoléon a-t-il été un homme heureux ?* in-18, 3 fr. 50.
Aumale (le Duc d'). *Le Roi Louis-Philippe et le droit de grâce,* in-8,
0 fr. 50.
Barante (C. de). *Souvenirs du Baron de Barante,* t. VI, in-8, 7 fr. 50.
Bérard (V.). *La Macédoine,* in-18, 3 fr. 50.
    —   *La Politique du Sultan,* in-18, 3 fr. 50.
Bocher (C.). *Lettres et récits militaires. Afrique et armée d'Orient,* in-8,
7 fr. 50.
Broglie (de). *L'Alliance autrichienne,* in-18, 3 fr. 50.
    —   *Histoire et politique,* in-8, 8 fr. 50.
Buet (Ch.). *Saphyr,* grand in-18, 3 fr. 50.
Calmon (A.). *Histoire parlementaire des finances, monarchie de Juillet,*
t. III, in-8, 7 fr. 50.
France (A.). *Le Mannequin d'osier,* in-18, 3 fr. 50.
    —   *L'Orme du Mail,* in-18, 3 fr. 50.
    —   *Pages choisies* (introduction de G. Lanson), ni-18, 3 fr. 50.
Gregh (F.). *La Maison de l'enfance,* in-8, 3 fr. 50.
Gyp. *Joies d'Amour,* in-18, 3 fr. 50.
Halévy (L.). *Un Mariage d'amour,* 6 fr.

CALMANN LÉVY (suite).

Lavedan (H.). *Les Deux Noblesses*, in-18, 2 fr.
—   *Les Jeunes ou l'espoir de la France*, in-18, 3 fr. 50.
—   *Le Nouveau Jeu*, in-18, 3 fr. 50.
—   *Sire*, in-18, 3 fr. 50.
Leroy-Beaulieu (A.). *L'Antisémitisme*, in-18, 1 fr.
Lesueur (D.). *Le Mariage de Gabrielle*, in-18, 3 fr. 50.
Loti (P.). *Figures et choses qui passaient*, in-18, 3 fr. 50.
—   *Ramuntcho*, in-18, 3 fr. 50.
Pailleron (E.). *Pièces et morceaux*, in-18, 3 fr. 50.
Paléologue (M.). *Sur les Ruines*, in-18 3 fr. 50.
Sand (G.). *Lettres à Alfred de Musset et à Sainte-Beuve*, in-18, 3 fr. 50.
Tinseau (L. de). *Dans la brume*, in-18, 3 fr. 50.

CHAMPION

Biré (E.). *Honoré de Balzac*, in-8, 6 fr.

CERF

Aulard (F.-A.). *La Société des Jacobins*, t. VI, in-8, 7 fr. 50.

ARMAND COLLIN

Bertheroy (J.). *Aristophane et Molière*, in-18, 1 fr.
—   *Le double Joug*, in-18, 3 fr. 50.
Boutmy (E.). *Le Développement de la constitution et de la politique en Angleterre*, in-18, 3 fr. 50.
Brisson (A). *Portraits intimes*, 3ᵉ série, in-18, 3 fr. 50.
Charbonnel (Victor). *Congrès universel des religions en 1900*, in-18, 3 fr. 50.
Charbonnel (Victor). *La Volonté de vivre*, in-18, 3 fr. 50.
Ferry (Jules). *Discours et opinions !* publiés par P. Robiquet, t. V, in-8, 10 fr.
Leroy-Beaulieu (P.). *Les Nouvelles sociétés anglo-saxonnes*, in-18, 4 fr.
Robida (A.). *Le Mystère de la rue Carême-Prenant*, in-18, 3 fr. 50.
Tolstoï. *Pages choisies*, in-18, 3 fr. 50.
Vogüé (E.-M. de). *Jean d'Agrève*, in-18, 3 fr. 50.
Zola (E.). *Pages choisies*, in-18, 3 fr. 50.

CORNÉLY

Bourgeois (L.). *L'Éducation de la démocratie française*, in-16, 2 fr.

DELAGRAVE

Brunetière (F.). *Manuel de la littérature française*, in-8, 5 fr.
Challemel-Lacour. *Œuvres oratoires*, in-8, 10 fr.

DIDOT

Benoist (C.). *La crise de l'état moderne*, in-8, 10 fr.
Ménorval (E. de). *Paris depuis son origine*, in-8, 6 fr.
Rambosson (J.). *Histoire des Instruments de musique*, in-8, 2 fr.

FLAMMARION

Courteline (G.). *Le Train de 8 h. 47*, nouv. édit., in-18, 3 fr. 50.
Daudet (A.). *La Fédor*, in-18, 3 fr. 50.
— *L'Obstacle*, in-18, 2 fr.
Drumont (E.). *Mon vieux Paris*, 2ᵉ série, in-18, 3 fr. 50.
Flammarion (C.). *Stella*, in-18, 3 fr. 50.
Malot (H.). *L'Amour dominateur*, in-18, 3 fr. 50.
Nansen (F.). *Vers le pôle Nord*, 10 fr.
Regamey (F.). *D'Aix en Aix*, in-18, 3 fr. 50.
'Riche (D.). *L'Agonie d'une jeunesse*, in-18, 3 fr. 50.
Rochas (A. de). *Les Effluves odiques*, in-8, 6 fr.
Rodocanachi (E.). *Tolla la Courtisane*, in-18, 3 fr. 50.
Sylvestre (A.). *Chemin de Croix*, in-4, 8 fr.
Simon (J.). *Derniers Mémoires des Autres*, in-18, 3 fr. 50.

FLOURY

Vassili Verestchagin. *Napoléon Iᵉʳ en Russie*, in-12, 3 fr. 50.

FASQUELLE

Alexis (P.). *La Comtesse*, in-18, 3 fr. 50.
Claretie (J.). *L'Accusateur*, roman, in-18, 3 fr. 50.
— *La Vie à Paris*, in-18, 3 fr. 50.
Daudet (A.). *Notes sur Londres*, in-32, 2 fr.
— *Le Trésor d'Arlatan*, in-18, 3 fr. 50.
Daudet (L.). *La Flamme et l'Ombre*, in-18, 3 fr. 50.
Geffroy (G.). *Pays d'Ouest*, in-18, 3 fr. 50.
Guyot (Yves). *La Comédie socialiste*, in-18, 3 fr. 50.
Gyp. *Le Baron Sinaï*, in-18, 3 fr. 50.
Hepp (A.). *Cœurs parisiens*, in-8, 3 fr. 50.
La Jeunesse. *Imitation de notre maitre Napoléon*, in-18, 3 fr. 50.
Lecomte (G.). *Les Valets*, in-8, 3 fr. 50.
Lorrain (J.). *L'Ombre ardente*, in-18, 3 fr. 50.
Mallarmé (S.). *Divagations*, in-18, 3 fr. 50.
Mendès (C.). *Arc-en-ciel, sourcil rouge*, in-18, 3 fr. 50.
Montesquiou-Fézensac (R. de). *Roseaux pensants*, in-18, 3 fr. 50.
Richepin (J.). *Le Chemineau*, in-8, 4 fr.
Rodenbach (G.). *Le Carillonneur*, in-18, 3 fr. 50.
Theuriet (A.). *Contes de la Primevère*, in-18, 3 fr. 50
Zola (E.). *Messidor*, in-18, 1 fr.

HACHETTE

Bovet (M.-A. de). *L'Écosse*, in-4, 30 fr.

Daremberg (S). *Dictionnaire des Antiquités grecques et romaines*, 24 fascicules, in-4, 5 fr.

Dieulafoy (M.). *Le roi David*, in-16, 3 fr. 50.

Du Camp (M.). *Bons cœurs et braves gens*, in-8, 3 fr.

Grosclaude (E.). *Un Parisien à Madagascar*, in-8, 10 fr.

Larroumet (G.). *Petits portraits et notes d'art*, in-16, 3 fr. 50.

Lavertujon (A.). *La Chronique de Sulpice Sévère*, in-8, 10 fr.

Nansen (F.). *A travers le Groenland*, in-8, 10 fr.

Paris (G. et L.) *Chrestomathie du Moyen-Age*, in-16, 3 fr.

HETZEL

Brunetière (F.). *L'Idée de Patrie*, in-18, 50 c.

JUVEN

Forain (J.-L.). *La Vie*, in-4, 5 fr.

E. LECHEVALLIER

Barret (P.). *Les Monuments religieux de Sées, Clérai*, etc., in-fol., 10 fr.

LECLERC

Jérôme Pichon (le Baron), in-8, 6 fr.

LEMERRE

Barbey d'Aurevilly (J.). *Poussières*, in-8, 5 fr.

Bonnetain (P.). *En mer*, in-12, 6 fr.

Bourget (P.). *Recommencements*, in-18, 3 fr. 50.

—   *Voyageuses*, in-18, 3 fr. 50.

Dieulafoy (J.). *Déchéance*, in-18, 3 fr. 50.

Hervilly (E. d'). *Au bout du monde*, in-8, 5 fr. 50.

Lesueur (D.). *Invincible charme*, in-18, 3 fr. 50.

Meunier (S.). *Aimer ou vivre*, in-18, 3 fr. 50.

Mistral (F.). *Le Poème du Rhône*, en 12 chants, in-18, 3 fr. 50.

Peyrebrune (G. de). *Les Fiancées*, in-18, 3 fr. 50.

Prévost (M.). *Dernières lettres de femmes*, in-18, 3 fr. 50.

—   *Le Jardin secret*, in-18, 3 fr. 50.

Regnier (H. de). *La Canne de Jaspe*, in-18, 3 fr. 50.

—   *Les Jeux rustiques et divins*, in-18, 3 fr. 50.

Rictus (J.). *Les Soliloques du pauvre*, in-18, 3 fr. 50.

Sully-Prudhomme. Poésies. *Le Prisme*, in-8, 7 fr. 50.

Talbot (E.). *Aristophane*, traduction nouvelle, tomes I et II; chaque volume, 7 fr. 50.

Theuriet (A.). *Boisfleury,* in-18, 3 fr. 50.
Vicaire (G.). *Le Clos des Fées,* in-18, 3 fr.

LEROUX

Aulard. *Recueil des actes du comité de Salut-Public,* t. X, in-8, 12 fr.
Boulay de la Meurthe. *Documents sur la négociation du Concordat,* in-8, 8 fr.

MERCURE

Bataille (H.). *Ton sang,* in-18, 3 fr. 50.
Bloy (Léon). *La femme pauvre,* in-18, 3 fr. 50.
Jarry (A.) *Ubu Roi,* texte et musique, in-18, 5 fr.
Lorrain (J.). *Contes pour lire à la chandelle,* in-18, 2 fr.
Louys (P.) *Léda,* in-4, 10 fr.
— *Les Chansons de Bilitis,* in-8, 10 fr.
Nerval (G. de). *Les Chimères et les Cydalises,* in-12, 2 fr. 50.

CH. NOBLET

Lacroix (S.). *Actes de la Commune de Paris pendant la Révolution,* tome V, in-8, 7 fr. 50.

OLLENDORFF

Adam (P.). *L'Année de Clarisse,* in-18, 3 fr. 50.
— *La Bataille d'Uhde,* illustré, in-18, 3 fr. 50.
— *Lettre de Malaisie,* 4ᵉ éd., in-18, 3 fr. 50.
Allais (A.). *Album primo avrilesque,* in-18, 1 fr.
— *Le Bec en l'air,* in-18, 3 fr. 50.
Buet (Ch.). *Acquitté,* in-18, 3 fr. 50.
Case (J.). *La Vassale,* in-18, 3 fr. 50.
Courteline (G.). *Monsieur Badin,* in-18, 3 fr. 50.
Docquois (G.). *Paris sur la route,* in-18, 1 fr. 50.
Donnay (M.). *La Douloureuse,* in-18, 3 fr. 50.
Marni (J.). *Les Enfants qu'elles ont,* in-18, 3 fr. 50.
Méténier (O.). *La Brême,* in-18, 1 fr.
Ohnet (G.). *Le Curé de Favières,* in-18, 3 fr. 50.
Privas (X.). *Chansons chimériques,* in-18, 3 fr. 50.
Rameau (J.). *La Demoiselle à l'ombrelle mauve,* in-18, 3 fr. 50.
Redelsperger (J.). *Vérités bonnes à dire,* in-18, 3 fr. 50.
Rodenbach (G.). *Le Voile,* pièce en 1 acte, in-18, 2 fr.
Saint-Cère (J.). *La Noce sentimentale,* in-18, 3 fr. 50.
Saisset (F.). *Au fil du rêve,* poésies, in-18, 3 fr.
Tola Dorian. *Roses remontantes,* 2 fr.

PERRIN

Barneville (P. de). *Le Rythme de la Poésie française,* in-16, 2 fr. 50.
Biré (E.). *Journal d'un bourgeois de Paris pendant la Terreur,* tome IV, in-16, 3 fr. 50.
Ibsen (H.). *Brand,* in-16, 3 fr. 50.
Sarrazin (G.). *Le Roi de la mer,* in-16, 3 fr. 50.

PICARD ET FILS

Baudrier (P.). *Bibliographie lyonnaise, Recherches sur les imprimeurs, libraires, etc., de Lyon au XVIe siècle,* 3e série, in-8, 20 fr.

PLON

Foa (E.). *Du Cap au lac Nyassa,* in-18, 4 fr.
Forain. *Doux pays,* in-8, 3 fr. 50.
Margueritte (P.-V.) *Le Carnaval de Nice,* in-18, 3 fr. 50.
—   *Poum,* in-18, 3 fr. 50.

REVUE OCCIDENTALE

Laffitte (P.). *Le Catholicisme,* in-8, 7 fr. 50.

SIMONIS EMPIS

Champsaur (F.). *La Glaneuse,* in-18, 3 fr. 50.
Pert (C.). *La Camarade,* in-18, 3 fr. 50.
Veber (P.). *L'Aventure,* in-18, 3 fr. 50.

STOCK

Descaves (L.). *Soupes,* in-18, 3 fr. 50.
Riche (D.). *Sous le Joug,* in-18, 1 fr. 50.
Rosny (J.-H.). *La Promesse,* in-18, 1 fr. 50.

VIGOT

Audiffrent (G.). *Auguste Comte et l'Académie des Sciences,* in-8, 1 fr. 50.

WELTER

Dante. *Les plus anciennes traductions françaises de la Divine Comédie,* in-8, 35 fr.

TABLE DES MATIÈRES

SOCIÉTÉS DE BIBLIOPHILES

L'Almanach du Bibliophile pour l'année 1898 a été achevé d'imprimer le 31 mai 1898, au nombre de douze cents exemplaires, — dont cent sur Chine — par la Société Typographique de Châteaudun.

Les compositions décoratives sont de Bellery-Desfontaines et la gravure de Froment.